Pinokyo
Carlo Collodi

Navê resen ê berhemê:
Pinocchio

AramRoman

Edîtor:
Aram

Mîzanpaj: Zafer Tüzün

Daristina Bergê: Doğan Güzel

Wêneyê Bergê: Doğan Güzel

Wêneyên nava pirtûkê:
Charles Copeland

Çapa Yekem
Gulan 2021

Çap û Cîld: Bizim Büro Matbaacılık
Navnîşan: Zübeyde Hanım Mahallesi Sanayi 1. Cad. Sedef Sok. 6/1
İskitler / Altındağ / Ankara
Sertifika No: 42488
Tel: 0(312) 229 99 28

ISBN: 978-975-8242-25-2

Aram Basım Reklam ve Yayıncılık
Navnîşan: Aram Basım Reklam ve Yayıncılık San. Tic. Ltd. Şti.
Kooperatifler Mah. Yeni Sk. Elit Plaza Kat 5 No 14 Yenişehir / Diyarbakır
Tel: 0 (552) 750 55 21
Email: aramyayin@yahoo.com.tr

CARLO COLLODI

PÎNOKYO

Wergêr:

Rêdûr Dîjle

AramRoman

NAVEROK

1
HOSTA ANTONIO, ÊZINGOKEKÎ KU GEH DIGIRÎ GEH DIKENE DIBÎNE

Wexta em bi "hebû carek ji caran" an jî "hebû tunebû" dest bi çîroka xwe bikin, wê xwendevanên min ên biçûk, bê sebr û hedan hema bibêjin: "... paşayek hebûye..."

Na delalên min na, qet jî ne werê ye, hûn dixafilin.

Berê, pir zû de Êzingokek hebûye. Ne Êzingokekî werê lihevhatî, dûrme û gancorî bû. Ev, Êzingokekî bêmirês û bêşeml bû ku zivistanan ji bo xwe li ber germ bikin dixistin sobeyan...

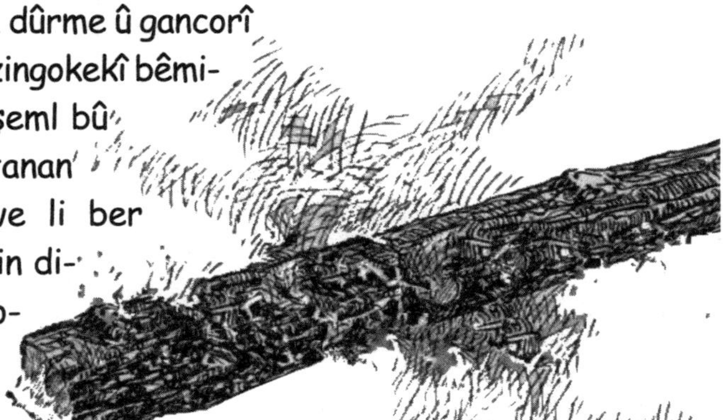

Rojek ji rojan rêya vî Êzingokî bi dikana xeratekî ket. Çawa hatibû, kê ew anîbû; kesî pê nizanibû. Ev xeratê hejar ê bi navê Antonio, extiyarokekî cirxweş, rûken û şîrîn bû. Ji ber ku pozê wî sipsor bû, bi navê "Kalê Gilyaz" bang li wî dikirin. Pozekî wî yê ku wekî gilyazên sor dibiriqî, hebû.

Wexta Hoste Antonio, li quncikeke dikana xwe çav bi Êzingok ket, bi dilşayî destên xwe mist dan û got, "Ox çi qasî xweşik e" û domand, "axirê min dît, bi rojan e lê digeriyam! Ez ê nigên mayî yên maseya xwe bi vî êzingokî temam bikim."

Hoste Antonio, rahişt Êzingok û bi baldarî lê nerî. Hilanî û danî. Eciband. Bera jî ji bo nigên maseyê hew dibû. Ji bo fesilandinê ji vî êzingî çêtir, êzing bi desta nediket. Ji bo qalikên girûzekî yên li ser Êzingok bixeritîne, tevşoyê xwe yê ku nû seqandibû, ji hilcoyê girt. Gava tevşoyê xwe bilind kir ku dest bi xeritandinê bike, dengekî hema hema dihat bihîstin, bi ber guhên wî ket. Hoste Antonio, destê wî yê rastê li hewayê, hema werê di cî de ma sekinî. Dengekî zirav, zipzirav û piltepilta wî bû diaxivî:

"Ji kerema bi derbên hişka li min nexe! Canê min neêşîne."

Hoste Antonio, werê bi matmayî derdora xwe seh kir, bê ka kî li dikanê heye. Ji xeynî wî benderuhek jî tune bû. Êê.. îjar ev kî bû, kî bû yê dikir kûzenûz? Xwe xwar kir, guh da bin dezgehê xwe. Dolaba ku hacet û alavên xwe xistibûnê vekir, lê nerî. Na, kes tune bû. Çû ber derî, bala xwe da derve, lê cardin çav bi xwediyê deng neket. Êêê, nexwe kî bû yê ku bi kûzenûz digot, "canê min neêşîne"?

Perûka xwe ya ku gava radiket jî ji serê xwe dernedixist, werê bi hawayekî mitaleyî xurand:

Bişirî û got, "Bi ber ketim" û lê zêde kir, "min ji xwe re sêwirandiye. Na, kesekî ku lavayî malavayiyan dike tune ye. Tenê xafiliyeke biçûk. Her kes dixafile. Nexwe em vegerin ser karê xwe..." Tevşoyê xwe helgirt, ket ser Êzingok. Vê carê qîrîneke ziravik hat bihîstin:

"Of! Te ez pir êşandim..."

Bera jî tevşoyê Hoste Antonio kewş û telaşeke girs birîbû.

Hoste Antonio, di cî de tîk ma sekinî. Tirsiyabû, wekî ku çavên wî ji nav serê wî bazbidin, lê hatibû.

Nikaribû zimanê xwe yê ku bi qasî bihostekê bi ser çena wî ve şiqitîbû têxe devê xwe. Gava hinekî bi ser hemdê xwe ve hat, xwe bi xwe got. Lê peyv bi duristî ji deva dernediketin. Bi zor û heft bela diaxivî:

"Nexwe kî bû wekî sakûlên du salî bi piltepilt diaxivî? Diqîriya, digot 'Tu canê min diêşînî?' Min lêkola: Li vê derê ji xeynî min benderuhek jî tune ye. Bise, hela bise... Îja min fêm kir... Ê dikir qîrîn, Êzingok bû. Temam, pir baş e, lê kengî ho bûye ku wekî mirovan biaxive, kî rê wî daye, çima rê wî daye? Ev fîzar û jarîna ziravik... Tiştên dûrî aqilan. Heger texte û êzing jî bigirîn û bikenin, ooo... delîl li halê mirovan be. Ma ji xeynî kelandina beroşek xwarin, ji xeynî kelandina gumgumekî avê bi kêrî çi tên... Na, lê heger yek rabûbe û xwe tê de veşartibe, aha wê çaxê tiştekî ku ji dest min bê tune ye. Ma qey ez Eliyê Xemxur im? Ez hosteyê xerata me, hew! Nêse ka kêlî berî kêliyê karê xwe biqedînim, karê xwe...

Hoste Antonio, bi minemin rabû Êzingoko li bin guhê dîwêr xist. Vê carê dev ji qîrînê berde, Êzingoko negot qirç jî... Ê li dikanê olan dida, tenê dengê êzingekî hişk bû. Tabî mirov ji vê re bibêje olan... Careke din guh li derdorê kir. Deqeyekê ma sekinî, na. Pênc deqeyan ma sekinî, na. Deh deqeyan ma sekinî, na. Na lo herê, hema tu bê ji bo derman be jî, wek berê tu kûzenûz ji Êzingoko çênebûn...

Hoste Antonio, perûka xwe gijgijand û keniya:

"Min fêm kir. Li vê derê kesî qîr mîr nedaye û kes lavayî li min nekiriye. Li darî çava ye, min ji xwe re li hev aniye. De ka em vegerin ser karê xwe lo...

Ditirsiya. Ji bo bizirav be, dest bi kilamekê kir. Tevşo danî, rahişt birekê. Pêşî wê qalikên girûzekî yên li ser Êzingoko bixeritanda. Wexta dest bi xeritandinê kir, cardin ew dengê ziravik hat guhê wî. Lê vê carê dikeniya, hem jî bi hawayekî pir şîrîn û xweşik, wekî ji zik û piştê bibe dikeniya. Wexta dikeniya, eynî wekî me diaxivî:

"Bise, ji kerema xwe hinekî bise... Xurîka min tê. Bise, ji kerema xwe min ne dixdixîne... Min nekenîne werê, ay! Ez ê bixeriqim..."

2
HOSTE ANTONIO
ÊZINGOKO DIDE CÎRANÊ XWE

Di vê hengâmeye de, got reqqq deng ji deriyê dikanê hat. Taqet di Hoste Antonio de tune bû ku rabe ser xwe û here derî veke. Bêyî ku rabe ser xwe, di cî de bang kir:

"Ez di xwe re nabînim, hema tu kî bî veke û were..."

Ê ku hatibû Geppetto bû. Cîranê wî yê extiyar î hûrikmûrikî... Perûka wî ya zerikî, wekî porikên gêris her tim li nav milê wî diket. Ji ber vê, zarokên nehs ên taxê bela xwe tê didan û jê re digotin, "Poriko". Ji ber ku dirûvê porikên gêris bi perûka wî diket, gava zarok jê re digotin "Poriko... Poriko!" adis dibû û hingî adis dibû nizanibû wê çi bike.

"Qawet be Hoste Antonio" got Geppetto, "Te xêr e, te werê totik vedane, li wir?"

"Ha ha ha... Tu ji min re dibê? Min hesab û kitêb ho dikirin..."

"Te hoyî kê dikirin?"

"Hoyî moriyan!"

"Tu karekî qenc dikî, ez te pîroz dikim..."

"Sax bî Geppetto. Te xêr e, tu werê hatiyî?"

"Ez bi van çîmên qar û qels hatim, Hoste Antonio." Geppetto, çîmên xwe rê wî dan û domand: "Min ê doza tiştekî li te bikira..."

Hoste Antonio, xwe li ser çokan rast kir:

"Hela bibê, bê tu yê doza çi bikî?"

"Tu dizanî vê sibehê çi hat bîra min?"

"Ma tu nebê, ez ê ji ku zanibim?"

"Dixwazim kûkleyekê çêbikim, gava darekî baş bi dest min bikeve... Tu wekî kewareke kevn î, min got dibe ku li cem te hebe, loma hatim. Kûkleyê ku ez çêbikim, divê kes nikaribe pê re kaban biavêje. Bi lîstika xwe hem divê ji derheqê zor û zehmetiyan derkeve, hem jî divê her kes ji ber lîstikvaniya wî heyr û hejmetkar bimîne. Gava şûrê xwe ji kalanê bikşîne û şer bike, divê her kes bêje 'Ev kûkle, ji şervanên bera jî çaktir e!' Aha divê kûkleyekî werê be, birakê Antonio. Heger bi ser bikevim, dixwazim li cîhanê bigerim. Di pêşandeyên xwe de hema heqê nên û şerabê tenê bi dest min bikeve, besî min e. Wekî din tu tiştî naxwazim. He, ma tu nabê çi?"

Hoste Antonio, ji ber vê xebera Geppetto dilxweş bûbû.

Tam ê bigota, "Ez te pîroz dikim", lê negot. Ji lewra cardin ew dengê ziravik hatibû sehkirin:

"Porikokê min î topik î gilorevik, hebî tu her hebî."

Geppettoyê ku ji navê "Poriko" hez nedikir, hingî adis bûbû ser çavê wî soromoro bûbû. Bi ser Hoste Antonio de çû.

"Te ez adis kirim. Çi heqê te heye tu heqaretê li min dikî, he?"

"Cîran, kesî tu heqaret meqaret li te nekiriye."

"Ma yê ji min re got, 'Porikokê min î topik î gilove-rik' ne tu bûyî, he?"

"Na!"

"Ê ku gava din henekê xwe bi min kir?"

"Na, min henek menekê xwe bi te nekiriye, min tu tişt jî ji te re negotiye wey."

"Îja kî got? Maxwene min xwe bi xwe got?"

Hoste Antonio, ji ber vê axaftina hêla ya hevalê xwe qehirîbû:

"Belkî jî te xwe bi xwe gotibe, ji lewra ev deng hat min jî. Lê Geppettoyê hêja, bawer bike ne ez im."

"Nexwe kî got?"

"Min negot. Ji te derket."

"Na na, ne ji te, ji min..."

Di devjeniyê de pir nehat fêmkirin bê ka ji hev re çi digotin û ji bo çi digotin. Axirê gotin, "Ê madem werê, nexwe em bi kulmên xwe gaz û kapan li hev payê bikin." Ji wan tirê wekî zarokan wê bi şer meseleyê safî bikin. Axirê her du jî extiyar bûn. Hebikekî din jî dadana hev du, wê sist bûbûna biketana erdê. Helkehelka wan bû. Di dawiya şer de, perûkaya ji porikên gêris a Geppetto, di nav lepên Hoste Antonio de mabû. Perûkaya cûnekî ya Hoste Antonio jî di nav diranên Geppetto de bû, hîn jî bernedida.

Xeydana wan dirêj dewam nedikir. Ji lewra her du jî dostên hev ên qedîm bûn.

Pêşî Hoste Antonio pêşniyaza lihevkirinê da ber Geppetto:

"Hadê, ka perûka min bi min de, em li hev bên..."

Geppetto xwe giran kir û got, "Na, ewilî tu bide."

Ev her du zilamên hûrik mûrikî, soz dan hev du ku wê hew şer bikin. Wê hev tahl nekirana. Nelihevkirin ji ber nehezkirinê bûn. Nehezkirin, xemgîniyeke êşbar bû.

Perûkayên xwe xistin serê xwe û jidil bi destê hev girtin.

Hoste Antonio got, "Îja ka bêje cînar, tu çi dixwazî?"

"Antonio, ma ne min got, ez ê kûkleyekî çêbikim!"

Hoste Antonio, dilxweş bûbû. Lê dilxweşiya xwe neda der. Niha keys çêbûbû ku ji Êzingokê jê ditirsiya xelas bibe. Di dilê xwe de got, "Berdê, bila here. A ji te re firsend Antonio!" Çû rahişt Êzingokê ku avêtibû quncikekî û xwest bide Geppetto. Êzingok, xwe ji nav lepên Hoste Antonio xelas kir û got terppp li çîmzirên Geppetto ket.

Di rewşên wiha de her kes diqehire, tew wexta canê meriv biêşe... Geppetto jî qehirî.

"Tişta ku te kir ne tu tişt e. Ma meriv êzingan werê dide cîranê xwe? Ay çîmên min!"

"Geppetto, yeqîn bike min neavêt.."

"Îja kî avêt? Ma qey ez lê qelibîm?"

Hoste Antonio, Êzingokê li ber nigên Geppetto, nîşan da:

"Tu vî ya dibînî, aha sûc giş ê wî ye!"

"Rast e, ê li min ket ev bû, lê yê ku ew çeng kir kî bû?"

"Min çeng nekir!"

"De wêde virekê virek!"

"Geppetto, hay ji deba devê xwe hebe. Tu benderuhek nikare ji min re bêje derewkar."

"Îja tu çi yî sertextik!.."

"Tu wî!"

"Tu jî kero!"

"Hela tu pêşî wê porika xwe hilde, dû re biaxive! Aha tu ev Poriko yî!"

"Tu jî qeşmerekî dera hanê yî."

"Tu jî pitikeke extiyarok î. Ma tu fedî nakî tu bi min re şer dikî, he?"

Bi vî hawayî ji adet der bûn. Tişta nemayî ji hev re gotin. Wexta dîtin wê bi hihemhimê nikaribin sergihayiyê bikin, vê carê ji bo şer zend û bend badan. Ewilî Geppetto êrîş bir ser wî. Bi qirika hev girtin. Di dawiya vî şerê dijwar de, du çilhitînên din jî xwe li ser pozê Hoste Antonio girtibûn; ê Geppetto jî du qumçikên din jî ji êlegê wî kêm bûbûn. Heger di lêzedekirin û topkirinê de mêzîn xera nebûbe, lihevkirin jî ew qasî rihet e. Her du dostên me jî li gor vê pîvanê soz dabûn hev du ku dê bi rêz û hurmet nêzî hev bibin.

Geppetto, Êzingoko xist kîsikê xwe. Wexta ji dikanê derket sersarî nekir, malavayiya Hoste Antonio jî kir.

3
KÛKLE, DEST BI NEHSIYÊN XWE DIKE

Geppetto, li odeyeke biçûk dima. Ev ode, yek ji wan odeyên hejar bû ku di bin nêrdewanan de bû û bi lempeya li qubalekeke biçûçik ronî dibû. Bi boyaxa xwe ya werihî, karyoleya kevnik î têlên wê dikirin zîqezîq, sendelyeya xwe ya nigên wê yî xwarovîço û maseya xwe ya ku kurmê daran ew qulqulî kiribûn jî odeyeke pir hejar bû. Lê ligel ev qas hejariyê jî sêhrek vê derê hebû ku mirov ber bi xwe ve dikişand. Çi bû ew sêhr? Ka em behs bikin: Mesela xurmîna kuçikê bû. Ava di gumgumên li ser êgir de, bi hilmegulm dikeliya... Ewilî kesî tê dernedixist ku ev wêne ne. Ew hunera di xêzan de, ew ahenga rengan, bi meriv wekî tiştên rasteqîn dihatin... Hemû wêneyên ku ji firçeya wênesazê hoste Geppetto xwe didan der, xweşik bûn û li ku derê dibûn bila bûbûna, ew xizaniya li wir nedîbar dikirin.

Geppetto, taximê hacet û aletan hilgirt, ew li ser dezgehê rêz kirin. Zend û bend badan û ket ser Êzingoko. Dest bi çêkirina kûkleyê ku di serê xwe de sêwirandibû, kir.

Xwe bi xwe got, "Gelo ez çi navî lê bikim? Ez dibêm Pinokyo, navekî xweş e. Malbatek hebû, min pir hez jê dikir: Malbata Pinokyoyan. Ev navê ku ez ê li kûkleyê xwe bikim, bê guman wê şansê min bîne. Ma ez ê çawa li wan negerim? Dostên min, dostine hejar bûn. Qurişekî wan ê biqul jî tune bû. Lê di wê feqîrî û belengaziyê de jî, her zengîn bûn. Ez ê vî navî li kûkleyê xwe bikim. Heger te nav li tiştekî kir, wekî din kar hîç e, tu yê temam bikî."

Ewilî bi birekê serê kûkle fesiland. Enî pê ve zeliqand. Tam li orta serî, qevdikeke porikê gêris gîra kir û pêve zeliqand. Por jî temam bû. Aha! wê kêliyê tiştek qewimî. Çavên wî di nav serê wî de reqisîn. Qet jî ne tiştekî xweş bû. Geppetto jî hez ji vê rewşê nekir.

"De wêde, îja ev çi awir in?"

Axaftina Geppetto, bêbersiv ma aliqî.

Niha jî dora poz bû. Lê çi tiştekî ecêb e! Pozê ku li ber qedandibû, çima ji nişka ve dirêj nebû? Sekin lê tune bû, bi dorfirehî mezin dibû. Lê bifikirin, heger hûn çav pozekî ku di nav çend deqeyan de derî adetan girs dibe bikevin, hûn ê çi bikin? Ma hûn ê jî şaş nemînin? Aha, Geppetto jî werê şaş ma. Ji ber ku hebikekî jî tirsiyabû, hema bi kêrê poz jê kir û çeng kir, avêt. Lê dîsa jî mezin dibû. Bi rastî jî her ku jê dikir, pozê nehs du qatê din dirêj dibû.

Êdî dor hatibû çêkirina dev. Gava ev jî temam bû, wî jî wekî her devî dest bi kar û barê xwe kir. Çawa yanî? Helbet bi axaftinê. Her dev distrê, dikene, digirî... Aha ew devê şîrîn î xweşik ê ku Geppetto jî çêkiribû, bi ken dest bi kilamekê kir. Ev kûklekê dera han, êdî ji edet derxistibû, di ser xwe re diçû.

Geppetto adis bû û got, "Bes te kir hîqehîq! Hîn min te neqedandiye!

Ma kî guh li Geppetto dike! Tew zimanê xwe jê re derdixe. Lê Geppetto sirf ji bo navbera wan xera nebe, xwe lê nekir xweyî. Ji stuyê kûkle heya destên wî, milên wî, gewdeyê wî... her tiştê wî çêkir. Ew destên ku nû hatibûn bikeyskirin, perûkaya zerikî ya Geppetto kişandin, ji serê wî derxist û xist serê xwe. Kûkle, di nav wê perûkaya qerase de winda bû.

Geppetto, di umrê xwe de ev qasî li ber neketibû. Ometek kûkle çêkiribûn, lê yekî jê jî bêhurmetî lê nekiribû. Li Pinokyê nerî:

"Nehsê nehs. Hê min te neqedandiye, tu çawa li ber bavê xwe radibî, he? Xwelî li serê te be..."

Dû re bû çipeçipa çavên wî, lanet li kûkle anîn.

Dor hatibû nigan. Wan jî, bi baldan bi keys kir. Gava Geppetto, ew bi kesykirin pehînek got reppp li nav pozê wî ket:

Di dilê xwe de got, "Di heqê min de ye. Heger min zanibûya werê ye, ma min ew êzing dikir kûkle; lê heta min aqil nas kir, min temen jî xelas kir."

Ji bo wî bi pêyan bixe, wî danî erdê. Bi destê wî girt, hewl da wî li nav odeya biçûk bibe û bîne. Lê çîmên wî wekî singekî hişk bûn. Ji ber ku masûlke û movik nedixebitîn, Pinokyo nikaribû gavekê jî biavêje. Lê bîskek din ev çîmên hişk lebitîn. Geppetto, bi tepetep ew bi pêyan xist. Tew li wê odeya biçûk, beziya jî. Lê çi bû? Deriyê odeyê ji nişka ve vebû. Kûkle, hema xwe çeng kir kuçeyê. Reviya, ji ber çavan winda bû.

Geppetto, werê şaşmayî lê zûr bû. Îja wê çi bikira? Bi bazdan bida dû jî, wê çawa bi van nigên nexweşokî kûkle biqefalta? Got, "Çi dibe bira bibe, zirar ji ceribandinê nayê" û bazda, da dû wî. Lê ne mimkun bû ku bigihîjê. Pinokyo, gava bazdida wekî keroşkan çeng dibû. Nigên wî yên textikî, li ser peyarêyan ez bibêjim bi qasî deh nigan, tu bibêje bi qasî bîst nigan, deng derdixistin.

Her kesê ku çav bi vî kûkleyê dibeziya diket, kêliyekê mat dima, dû re dikeniya. Îja kenekî çawa, dixeriqîn. Çikû qet çav bi kûkleyekî wekî hespê pêşbirkê dibeziya, neketibûn.

Geppetto, bênavber diqîriya:

"Biqefêlin, wî biqefêlin!"

Herî dawî peywirdaran dest danî ser vê heyteholê. Cendirmeyekî ku bi qelebalixiyê hesiyabû û hatibû;

Xwe bi xwe got, "Hebe tune be ev hespekî hêç e, hefsar qetandiye..." Li dawiya kuçeyê her du şeqên xwe vekirin, ma sekinî. Pinokyo, gava tê derxist ku pêşî lê hatiye girtin, hema xwe li nav her du şeqên cendirme xist, xwest xwe bi xelasê bixe. Lê bi ser neket. Cendirme, bi serê pozê Pinokyo girt û ew xist hemêza Geppetto. Geppetto, pir qehirîbû. Xwest guhên Pinokyo bikişîne, lê nekişand. Çikû jibîr kiribû ku guhên wî çêbike.

Geppetto got, "Hela em herin malê, îja bê kî berx e kî beran e."

Pinokyo got teppp xwe avêt erdê. Nedixwest biçe malê. Qelebalixiyek bi meraq û tatêl xwe li wan girtibû. Piraniya wan tiral û xeberbezîn bûn. Her seriyek dengek jê diçû. Hinan digot, "Çi kûklekokekî topik î giroverik e. Xuya ye bê ka rebeno ji bo çi ji mal reviyaye. Xwedê zane bê ji destê vî extiyarê cirnexweş çi dikişîne..." Hin jê jî bi awayekî qethî digotin, "Werê li wêrekiya wî nenêrin, ji bo zarokan bêrehm e. Wexta wî bibe malê, dê wî bişikîne, perçeperçe bike." Kêm zêde her kes wekî hev difikirî: Ji nav lepên vî zilamê zalim, xelaskirina Pinokyo... Cendirme jî li gor xwesteka qelebalixiyê tevgeriya. Pinokyo, ji Geppetto stend û bera da. Geppetto jî bir qereqolê û ew da girtin.

Wexta cendirme Geppetto li dû xwe kaş dikir û dibir, Geppetto di nav lepên wî de diperpitî. Geppetto, di rêya bendîxaneyê de jî xwe bi xwe digot:

"Ax ax, zarokê nehs, ewladê xirab. Ma ji bo wî Êzingokî bikim kûkleyekî şîrîn û xweşik, qey ez hindik tahbiyam? Ew qas ked û tahb bi avê de çû. Ma min zanibûya wê werê bibe, ma min çêdikir. Axirê di vê extiyariya xwe de bûm benîştê devê xelkê, ji ber sebebek pûç û vala ketim qereqolan û hepsan. Ax Pinokyo ax, ev giş bela te bûn..."

Ez dizanim hûn ketine meraq û tatêlê, bê ji niha pê ve wê çi biqewime. Çikû serpêhatiyên Pinokyoyê me, esil ji niha pê ve dest pê dikin. Di beşên pêş de hûn ê van serpêhatiyan temaşe bikin.

4
AXAFTINA DI NAVABERA SÎSIRKÊ Û PINOKYO DE

Bav Geppetto, beleheq û belesebeb hat hepskirin. Pinokyoyê ku cendirmeyan ew beradabû jî xwe li çol û pesaran xist. Wekî keroşka ji ber nêçîrvên bibeze, werê bilez dibeziya, di rêya nav erdan de. Hem jî xwe di ser qirş û qalan, sêcên bistrî û coyên tijî av re çeng dikir û dibeziya.

Tarî ketibû erdê. Wexta gihaşt gund, li kuçe û kolanan kes tune bû. Mirov çûbûn malên xwe, dikan hatibûn girtin. Gava çû malê, dît ku derî li ser piştê ye. Hema di cî de xwe bera hundir da. Derî girt û rada. Betilîbû. Bi sebr û hedan, bêhna xwe veda. Hatina malê ne îşê xweş bû. Dilxweş bû, pir dilxweş bû. Lê ev hedûrî û xweşiya ji nav dilê wî difûriye, dirêj dewam nekir. Dengekî wekî "Çirk, çirk, çirk!" hat guhê wî. Bitirs qîriya:

"Her tu kî bî bibêje!"

"Ez im..."

"A ku got "ez im", sîsirkeke qerase bû ku radipelikî dîwêr.

Pinokyo, li dengê ji piştwî dihat fitilî. Bitirs got.

"Ka bibêje, tu kî yî?"

"Sîsirka axivok. Bi sedan sal e, li vê odeyê me. Belkî jî hîn zêdetir..."

"Baş e, lê ev ode êdî ya min e. Ji kerema xwe tu dikarî biçî, yan na ez rabim te biqewirînim?"

Sîsirkê biqerar bû ku fikira xwe bibêje:

"Tiştek heye, heya nebêjim qethiyen naçim. Pêşî guh li min bike..."

"Baş e, fermo..."

"Kes ji zarokên nehs ên ku li ber dê û bavên xwe radibin û guh li wan nakin, hez nake. Her kes wan kêmî xwe dibîne û dixwaze wan ceza bike. Qet şik û gumana nebe vê. Nebî nebî tu gotinên min jibîr bikî."

Pinokyo got, "De here ji xwe re karekî bike lê! Bes te kir birebir, devleqa devleq! Ez ê sibê ji vir biçim, yan na ez dizanim wê çi bê serê min. Wê min bişînin dibistanê. Wê li ser serê min bikin carewar û bibêjin 'bişixule, bişixule.' Heger neşixulim, ez dizanim wê ometek ço li min bikevin! Wê li min bixin. Wekî her zarokên tiral û guhnedêr, dê tehn û niçan li min bixin. Ma heya leyîstik, rapelikîna ser daran û xerakirina hêlînên çivîkan hebin, tu û xwedê hepskirina li odeyekê çi ye, qet bi serê min de naçe..."

Sîsirkê piştî ku bi sebr û hedan guh li van xeberdanên Pinokyoyê ku qam qama mêşa ye, lê deng dengê gamêşa ye kir, bi xemgînî got:

"Gêjo, cahil! Heger tu neşixulî wê wexta te berhewa bibe. Ka ji te re bibêjim bê tu yê bibî çi: Tu yê bibî kerekî qerase. Kerê guhdirêj, qeşmerê her kesî..."

Pinokyo ji nişka ve qîriya:

"Dev ji vê devçepeliyê berde û bicehime here!"

Sîsirk, bi sebr û hedan bû. Ji ber van gotinan, qet adis nebû.

Bi awayekî feylzofî got, "Madem tu naxwazî biçî dibistanê, qet nebe ji xwe re sinhetekê bielime." Dû re axaftina xwe bi vî awayî qedand: "Nizanim çi ma ev rastî nakeve vî serê te yê hişk: Ji bo tu karibî bi heqî nanê xwe bi dest bixî, ji xeynî şixulê wekî din tu rê mê tune."

Ingirokiya Pinokyo pê girtibû:

"Ez tiştekî ji te re bibêjim? Tiştek ku herî zêde hez jê dikim. Heger bi dest min bikeve qethiyen ji dest xwe bernadim."

Sîsirka xêrxwaz, meraq kir û pirsî:

"Çi ye?"

"Xwarin û vexwarin, kêf û zewq... Ger û geşteke betal û wetal. Ez pir hez ji vê dikim."

"Birako, guhê xwe pak veke. Jiyaneke werê, wê berê te bide nav felaketeke mezin. Dawiya hemû kesên nahs û tiral, her tim xirabî ye. An li bendîxaneyan, an jî li kuçe û kolanan dimirin. Vê ya bike guhar û têke guhê xwe."

Pinokyo hêrs bû û qîriya:

"Pêdiviya min bi jîrik mîrikan tune ye! Hîn min tahde li te nekiriye, ecele bicehime ji vir..."

"Pinokyoyê reben, lawo dilê min bi te dişewite..."

"De wêde here Sîsirka heram, ma te hişê xwe xwariye? Ka bibêje bê çima dilê te bi min dişewite..."

"Baş e... Tu kûkleyek î. Tew tu ji textik mextikan hatiyî çêkirin û serê te jî textikî ye..."

Pinokyo pir adis bû. Hema xwe avêt çakûçê bav Geppetto yê li ser dezgehê û çeng kir Sîsirkê. Ji ber derba hişk a çakûç, rebenê pehn bû, bû tej. Wexta di ber sikrata de bû ev peyv bilêv kirin: "Çirk, çirk, çirk..."

5
PINOKYO BIRÇÎ DIMÎNE

Bûbû êvar. Pinokyo, dît ku xirexira nava wî ye. Wekî her zarokî Pinokyo jî birçî bûbû. Xwe bi xwe got, "Sîsirkê rast gotiye. Ez li ber bavê xwe rabûm, tew bi ser de ez ji malê jî reviyam. Ji birçîna zikê min dike qurequr. Xewa min jî pir tê. Hingî bawîşkan tînim, hindik maye ruhê min derkeve..."

Çavê wî bi qirş û qalên li erdê ket. Wexta di nava toz û tebarê de çav bi hêkekê ket, ji kêfa hema rahiştê û qederekê hêkê mist da...

"Gelo ez wê di sehanê de çêbikim, an wê bikim hêkerûn? An bi dilmeyî çêbikim? A rihet a sehanê ye... Hela pêşî wê bişkînim..." Dû re hêk şikand û bera sehanê da.

Bera sehanê da, lê şaş ma. Ji dêvla sipîk û zerikê, çêçikeke pir xweşik ji hêkê derketibû. Hem jî çêçikeke ku diaxifî...

Çêçikê got, "Sax bî birakê Pinokyo... Te ez ji karekî zehmet, şikênandina qalikê min xelas kirim. Destên te sax bin, haydê bi xatirê te."

Çawa werê got, xwe çeng kir paceya vekirî û got pirrr û firiya. Zûzûka ji ber çavan winda bû.

Pinokyo, di dest wî de qalikê vala, werê ma sekinî. Wexta bi xwe ve hat, xwe bi xwe got:

"Sîsirkê rast gotiye! Heger bavo Geppetto li vê bûya, ez ê birçî nemama. Of, birçîbûn çi tiştekî xirab e!"

Qurqura nava wî bû. Bi hêviya tiştekî xwarinê bibîne, biryar da ku biçe gundekî li nêza.

6
NIGÊN PINOKYO ÇAWA DIŞEWITIN DI MANQERÊ DE?

Şev, sar bû. Fîkîna bayê bû, dar dihejandin.

Pinokyo ditirsiya, lê birçîbûna wî zora tirsa wî dibir. Ber bi gund ve bazda, hey bazda. Hingî dikir helkehelk zimanê wî wekî yê kûçikekî seydê bi ser devê wî de şiqitîbû.

Gund, tipûtarî bû. Dikan girtîbûn; pace û derî hatibûn radan. Hema bêje çûkek jî nedikir wîqewîq. Pinokyo, werê bêhêvî li zingilê malekê xist. Bîskek bi şûn de zilamekî extiyar pace vekir û bang kir:

"Vê şev nîvê şevê tu çi dixwazî?"

"Pir birçî bûme. Tu dikarî bi xêra xwe hinekî nan bidî min?"

"Bise, va ez têm. Wer bin vê paceyê, destê xwe dirêj bike..."

Pinokyo, bi ya zilamê extiyar kir. Destên xwe dirêj kir. Aha wê kêliyê, sîtilek av bi ser seran de rijiya. Şilopilo bûbû. Ji her dera wî av diniqutî. Bi vî hawî berê xwe da malê. Taqet tê de nemabû, nikaribû li ser pêyan bisekine. Rûnişt. Ji bo nigên wî yên di nav heriyê de mabûn ziwa bibin, ew spartin manqerê. Ket xeweke giran. Aha wê kêliyê tiştekî girîng qewimî. Nigên wî yên textikî, ket nav agirê di hundirê menqereyê de û şewitîn. Bîskek bi şûn de nigên wî bûn arî.

Ne xema Pinokyo bû, te digot qey nigên dişewitin ne yên wî ne, werê ji xwe re radiza.

Wê kêliyê deng ji derî hat. Li derve dengê hin kesan dihat. Çavên xwe vekirin. Bawîşk hatinê.

Pinokyo, bi dengekî xilmaşî qîriya, "Kî ye?"

Deng got, "Ez im, Geppetto."

7
GEPPETTO VEDIGERE MALÊ

Çavên Pinokyo hew qederê vedibûn. Ji ber ku hîn jî xilmaşî bû, nizanibû ku nigên wî şewitîne. Ji dengê wî tê derxistibû ku bavê wî hatiye. Xwest rabe ser xwe. Aaa, tiştek hatibû serê wî... Likumî û got teppp ket erdê. Bû teqreqa qisîl.

Ji ber ku derî nehatibû vekirin, Geppetto adis bûbû:

Qîriya got, "Derî veke!"

Kûkle, li erdê bû û kûrekûra wî bo digiriya.

"Bavo, nikarim vekim."

"Çima?"

"Hin kesan nigên min xwarine."

Wê kêliyê Pinokyo çav bi pêkên pisîka ku bi kewş û telaşan dilîst ket:

"Dibe ku pisîkê xwaribe!"

Geppetto, bihêrs qîriya, "Ne mimkun e ku pisîk

nigên te xwaribin. Lê bine ez hew dibêjim; tu vedikî yan na?"

"Bavo, yeqîn bike nikarim rabim ser xwe. Kûd bûme..."

Geppetto ku ji gazinc û jarînên Pinokyo yeqîn nedikir, cardin qîriya, "Ez bêm hundiro, ez ê bi qamçiyan, ez bi qamçiyan li te bixim!"

Zilamê extiyar rapelikî dîwêr û ket hundirê odeyê. Bi hêrs bi ser Pinokyo de çû. Lê gava çav nigên wî yên bûbûn arî ket, ji nişka ve rehm ket dilê wî.

Rahişt wî, ew xist hemêza xwe. Wekî baranê hêsir ji çavan hatin.

Jê pirsî, "Pinokyoyê min ê biçûk, ma te çawa nigên xwe şewitandin?"

Pinokyo got, "Nizanim bavo. Lê ez vê şevê qet, qet jibîr nekim..."

Dû re tiştên hatibûn serê wî yeko yeko gotin.

Geppetto, sê hirmiyên ku ji bo navrojê ji xwe re hilanîbûn, dan Pinokyo:

"Ji te, bixwe. Zikê xwe têr bike."

"Bavo, ji kerema xwe wan biqeşêre."

Geppetto hebikekî şaş mabû:

"A rast min nizanibû tu ew qas nazenîn î" û dû re lê zêde kir: "Lê tu vê helwesta xwe biguherînî, wê baş be."

Geppettoyê qenc û bi sebr û hedan, hirmî qeşartin û wan danîn ser maseyê. Pinokyo, hirmiya ewil kir du gep. Tam wê navika wê bavêta, Bav Geppetto nehişt.

Got, "Nebî nebî tu bavêjî. Belkî em karibin fêdê jê bigirin."

Pinokyo xwe adis kir:

"Qey çavê te lê ye ez navikên wê jî bixwim? Na, tu dixafilî!"

Geppetto pir sakîn pirsî:

"Ma kî çi zane, roj bê tu yê muhtacî wan jî nebî?"

Û navikên hirmiyan jî danîn cem qalikên wan.

Pinokyo, her sê hirmî jî xwaribûn. Lê têr nebûbû. Dûr û dirêj bawîşk anîn xwe:

"Bavo, hîn jî ez wekî gurekî birçî me. Lê xewa min jî pir tê. Nizanim ez çi bikim..."

Bav Geppetto, nepîvayî got:

"Wekî din tiştekî min ê ku bidim te tune ye. Hadê ji xwe re razê!"

"Qet tune?"

"Belê, heger tu bixwî navik û qalikên hirmiyê hene!"

"Ez ê bixwim bavo. Heger tiştekî din ê tune be, helbet ez ê bixwim..."

Geppetto, serê xwe hejand:

"Di meseleya xwarinê de, tu fêdeya naziyan tune ye. Tew zirara wê gelek e... Vê gotina pêşiyan bike guhar û têxe guhê xwe: 'Kevirê havînê biavêje kadînê.' Va ye wextê kevirê ku te hilaniye hatiye. Bi dirbê vê gotineke din a pêşiyan heye: 'Pêyê xwe li gorî bera xwe dirêj bike.'"

8
PINOKYO Û NIGÊN WÎ YÊN NÛ

Wexta Pinokyo zikê xwe têr kir, vê carê kir kûzenûz û got, "Nigên min, ka nigên min, li ku ne?" Lê Geppetto, ne hum e ne gum e, qet deng ji xwe neanî. Jixwe cardin nig çêbikirana, wê kûkle bigota şirppp biçûya. Extiyar xwe bi xwe got, "Bila li malê li ber çavê min be, bila kûd be." Lê rehma dilê wî zora wî bir.

Got, "Pinokyo, ez ê nigên te çêbikim. Lê pêşî soz bide ku tu yê nerevî."

Pinokyo jî dilzîz bûbû, kûrekûra wî bû, bi zorê axifî:

"Bavo Geppetto, êdî ez ê li ber te ranebim. Ez soz didim ku ez ê ji malê, ji dibistanê nerevim."

"Ax ax, ma qey ez bi we zarokan nizanim? Hûn heya ku tiştên dixwazin bi dest bixin, soz li ser sozê didin. Lê kêm kes ji wan li ser soza xwe dimîne."

Çavên Geppetto şil bûn. Dilê wî li ber giriyê kûkleyê ku çêkiriye, qiyar neda. Çû ber dezgehê û dest bi çêkirina nigên nû yên kûkleyê kir.

Geppetto, bi wan destên xwe yên bikêrhatî, du nigên ji yên berê xweşiktir ji Pinokyo re çêkirin. Hêlima ku di nava qalikekî hêkê de helandibû, bi baldan li cihên şewitî û şikestî da. Nigên nû bi vê derê vê zeliqand.

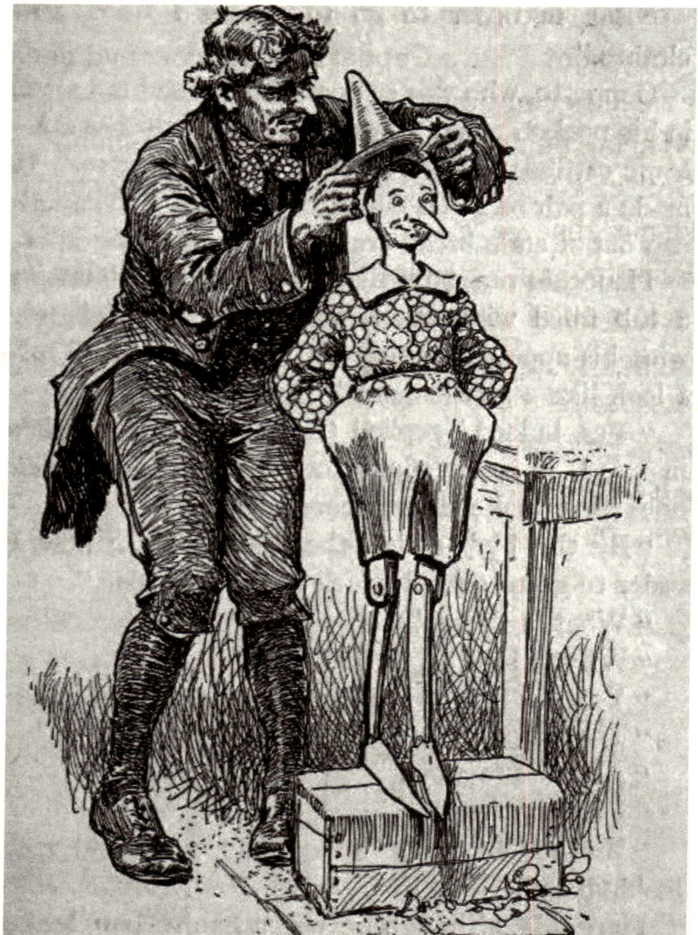

Got, "Aha! Va ye min nigên te xistin cî. Hadê bi dilekî rihet ji xwe re rakeve."

Çavên Pinokyo girtîbûn, lê di xew de bû yan şiyar bû, ne diyar bû.

Pinokyo, bi nigên xwe yên nû dest bi roja nû kir. Pir dilxweş bû, xwe çeng dikir, hildipekand.

Pinokyo got, "Bavo Geppetto, beranberî vê qenciya te, ez ê jî herim dibistanê."

"Aferim, dêmek tu yê li ser soza xwe bimînî?"

"Soz, ez ê bibim zarokekî baqil. Lê alfabeya min û lênûska min tune ye."

Geppetto got, "Ew rihet e." Halbûkî di berîka wî de qurişek bi qul jî tune bû.

Geppetto, rabû ser xwe. Qazaxê xwe li xwe kir, daket kuçeyê.

Got, "Ez ê aniha bêm."

Qasek bi şûn de gava ku vegeriya, qazaxê wî ne lê bû. Rebeno, tenê îşlik lê mabû. Li derve jî berf dibariya.

"Bavo, ma ne tu bi qazax derketibû derve, ka qazaxê te?"

"Min firot."

"Çima?"

"Pir germ bû, lewma min ew firot."

Pinokyo, xwe avêt stuyê Bavo Geppetto û ew hemêz kir. Li ser hev du ew maçî kir.

9
ÇIMA PINOKYO ALFABEYA XWE DIFIROŞE?

Berf sekinîbû. Pinokyo, alfabeya xwe xist bin çengê xwe û berê xwe da dibistanê.

Çi xeyalên xweşik çêdikirin. Ev xeyal giş derbarê dibistanê de bûn, derbarê tiştên ku dê li dibistanê bikira:

"Ez ê îro hînî xwendinê, sibê jî hînî nivîsandina hejmaran bibim. Dû re ez ê ometek pere qezenc bikim û li bavê xwe miqate bim. Ez ê jê re kincên pir baş bikirim." Gava werê xwe bi xwe diaxifî û diçû, di rê de dengê muzîkekê hat guhê wî. Got, "Ev çi ye?" û ma sekinî. Paşê zarokekî ku li wir dimeşiya sekinand, jê pirsî.

Zarok:

"Lê biner. Tu wê nivîsa mezin a li hember bixwînî, tu yê fêm bikî."

"Lê ez ê hê îro dest bi dibistanê bikim. Xwendin û nivîsandina min tune ye."

"Ax, cahilê biçûk. Bila be, ez ê ji bo xatirê te bixwînim. Lê biner, bê bi wan tîpên qerase yên bi rengê sor çi hatiye nivîsandin?"

Dû re zarok ev tişt xwendin: "Lîstika Kûkleyê ya Mezin."

Pinokyo pirsî, "Ma lîstik zû de dest pê kiriye?"

"Ê niha dest pê bike."

"Bi çi qasî ye?"

"Bi du qurişa ye."

Pinokyo, mahdê xwe sor kir, ji zarokê ku di rê de ew nas kiribû, bi deyn du quriş xwestin. Zarok, henekê xwe pê kir:

"Min dixwest bi deyn bidim te, lê îro banke girtîne."

Pinokyo got, "Min ê saqoyê xwe bi du qurişan bifirota te."

"Ma ez ê çi bikim ji saqoyê ji kaxezan. Baranek bibare wê şil bibe, bi kêrî tiştekî nayê..."

"Ez pêlavên xwe bidim."

"Ew jî bi kêrî çaviya sobeyê tên, naxwazim."

"Îja ev kumikê serê min?"

Zarok kir hîqeqîq, "Ha ha ha... Kumikekî ji navika nên hatiye çêkirin! Ma çavê te lê ye mişk li ser serê min hêlîna xwe çêbikin, he?"

"Lê biner, min ev alfabe nû kiriye. Ka du qurişan bide min, bila ji te re be."

Zarok, ji kûkle baqiltir bû:

"Ez zarokekî biçûk im, nikarim danûstendinê bi kesî re bikim."

Xurdefiroşê ku di wir re derbas dibû, guh li her du zarokan kiribû. Xurdefiroş got:

"Ez ê alfabeya te bi du qurişan bikirim, ka bifiroşe min."

Pinokyo, wê alfabeya ku Geppettoyê belengaz qazaxê xwe firotibû û bi pereyê wî kiribû, ji dest xwe derxist. Halbûkî zilamê extiyar, niha bi tena îşlik mabû. Direhilî, di sar û seqemê de.

10
DI PÊŞANDANA KÛKLEYÊ DE TIŞTÊN HATIN SERÊ PINOKYO

Pinokyo, gava ji bo lîstika kûkleyê temaşe bike ket hundir, bûyereke ku derdor serobino kir qewimî.

Perde vebûbû, lîstik hê nû dest pê kiribû. Du kûkleyên bi navê Arloken û Punçinello, wekî her lîstikê, cardin şer dikirin. Bi şelmaq û kulman bi hev ketibûn. Aha tam di wê kêliyê de, Arloken lîstikê di nîvî de hişt. Li hêla paş, deverek nîşan da û qîriya:

"Xwedêyo! Gelo qey xewn e? Tu, ma tu ne Pinokyo yî..."

Punçinello jî got, "Belê, ew bixwe ye..."

Kûkle bi hev re qîriyan:

"Bi-jî, bi-jî, bijî birakê Pinokyo..."

Ên hêwanê ji kêfa xeriqîn.

Arloken got:

"Were vir Pinokyo. Were birakên xwe yên textikî hemêz bike."

Pinokyo, ji paşiya hêwanê bi kêfxweşî xwe çeng kir, hilpekiya pêşî. Dû re çû ser serê sermuzîkvan. Ji wir jî xwe çeng kir ser sehneyê.

Demeke dirêj kûkleyan hemêz kir û maçî kir. Lîstik sekinîbû. Bû pilewila hêwanê. Temaşevanan destên xwe li hev xistin, nigên xwe li textebendan xistin û bi yekdengî qîriyan:

"Lîs-tik... lîs-tik." Tew hin temaşevanên qure jî lîstikvanan hûhû dikirin.

Lê kûklyan ev himehim û pilepila temaşevanan nedibihîst jî. Pinokyo, xistibûn navbera xwe û bi kêfxweşî hildipekiyan. Pinokyo hilgirtin, danîn ser milên xwe û ew anîn heya ber sehneyê.

Kûklevanê bi navê "Êgirxur" ku jê tirê ev qas xwepêşandan bes e, ji nişka ve derket holê. Êgirxur, zilamekî qamdirêj, awirtûj û kerh bû. Riha wî wekî hibra reş ripîreş bû, devê wî wekî firina pîdepêj fireh bû. Çavên wî dişibiyan du lembeyên sor. Qamçiyekî dirêj ê ji teriya rovî û maran hatibû çêkirin, hema li hewayê dişelpand.

Êgirxurê ku bejn û bala wî qet ne xweşik bû, her kesî çavtirsandî kiribû. Ew hêwana ku heytehola wê bû, ji nişka ve ker û lal bûbû. Deng ji kesî jî dernediket.

Zilam, bi dengekî hêla, bi Pinokyo xeyidî:

"Pinokyo, çi heqê te heye tu lîstika me xera dikî?"

"Li min biborin ezbenî, lê ne bela min bû..."

Lîstika li hêwanê qediyabû. Kûklevan, çû metbaxê.

Miha ku li şîşekê hatibû xistin danî ser êgir. Agirê wî hindik bû. Dikir nedikir mih sor nedibû. Kûklevan, gazî Arloken kir. Bi dengekî bi qeys û qerar ferman da:

"Wî kûkleyê bi mîx ve daleqandî bîne. Îja yê bi kêrî min bê."

Arloken û Punçinello şaş mabûn. Her du jî ji vê gotina hosteyên xwe tirsiyabûn. Çûn, Pinokyoyê bi mîx hatibû daliqandin anîn metbaxê. Zingezinga her derê rebeno bû, direhilî.

Bû feryad û fîxana wî, "Bavo, tu û xwedê tu yê min xelas bikî. Na, naxwazim bimirim."

11
PINOKYO, HEVALÊ XWE ARLOKEN JÎ XELAS DIKE

Bi navê Zilamê Êgirxur gazî wî dikirin. Çendî ku saw û xof xuya bikira jî, lê yekî pir dilpak bû. Gava Pinokyo, kir feryad û fîxan û got, "Naxwazim bimirim, min xelas bike", tesîr li zilêm kiribû û li ser hev du fişikîbû.

Wexta zilêm fişkiya, pir kêfa Arloken hat. Jixwe tim werê dibû. Gava zilam bêyî dilê xwe difişkiya, rehm diket dilê wî û bi başî nêzî her kesî dibû. Arloken, ji kêfa çû di guhê Pinokyo de kir pistînî:

"Xeberên xêrê ne Pinokyo, ên xêrê. Gava ew dipişke, her kesî dibexşîne. Êdî qet xerabiyê nake... Û kengî dilê wî bi yekî bişewite, wê çaxê difişke..."

Wexta fişkîna wî sekinî, Zilamê Êgirxur bi hêla bi ser Pinokyo de hil bû:

"Bes te kir zirezir, xurîka min tê..." Û sê caran li ser hev got, "Hepşû!" Pinokyo jî wekî her zarokên biedeb got:

"Her bijî ezbenî."

Kûklevan, bi temamî nerm bûbû:

"Xwedê kêmahiya te nede. Dê û bavên te sax in?"

"Bavê min sax e, lê dêya min nizanim."

"Wa! Gava ez te bavêjim êgir û bişewitînim, wê bavê te pir li ber bikeve yan na? Ecele bibêje." Û cardin sê caran li ser hev du hilpişikî.

Pinokyo, eynî wekî kesên li dêrê dua dikin, jidil got:

"Xwedê te bihêle ezbenî."

Ji ber ku Pinokyo her tim bi zimanekî xweş dipeyivî, kûklevan nerm bûbû.

"Spas dikim, Pinokyo. Te ez kirim wekî hevîr. Lê divê dilê te jî bi min bişewite. Lê biner, ji bo sorkirina mihê çend êzingên min jî tune ne. Halbûkî min ê te bavêta tifikê û wê bûbûna qirçîna te û min ê ev mih bibiraşta. Va tu dibînî, ji ber vê liv û tevgera te ya kubar, ez mecbûr mam te bibexşînim. Te pêsîra xwe jê xelas kir. Lê ez ê ji dêvla te kûkleyên di dest xwe de bişewitînim."

Piştî axaftina xwe qedand, gazî peywirdarên ewlekariyê kir:

"Ewlekarino, werin vir."

Piştî fermanê, du ewlekar li ber kûklevan tîk man sekinî. Her du ewlekar, du zilamên ecêb û çîçîlaskî bûn. Mîxfer di serê wan de bû. Şûrên xwe yên ji kalanan derxistibûn bi qubedetî dihejandin.

Kûklevan, Arloken rê ewlekaran da. Dengê wî dewixandî bû:

"Hadê, wî baş girêbidin û bavêjin nava êgir. Bila miha min baş sor bibe..."

Arlokenê reben ku ji tirsa çokên wî fisiyabûn, hema di cî de got teppp ket erdê. Pinokyo, hew deyax kir. Xwe avêt nigên kûklevan û jê xwest Arloken bibexşîne:

"Tu, birêz begê min î Êgirxur, ji kerema xwe bira dilê te pê bişewite."

Zilamê Êgirxur ku navê wî yê bera Strombolî bû, hêrs bû:

"Li vê derê, birêz begê min tune."

"Senyorê Hêja, ji kerema xwe bila dilê te pê bişewite."

"Hosteyê ser hosteyan, wî bibexşîne..."

Gava Pinokyo got, "hosteyê ser hosteyan" kûklevan ji nişka ve nerm bû:

"Ka bibêje Pinokyo, tu doza çi li min dikî?"

"Dixwazim tu Arlokenê reben bibexşînî..."

"Min te bexşand, lê ji bo mih baş sor bibe, divê Arloken bişewite."

Pinokyo rabû ser xwe, kumê xwe yê ji navika nên hatibû çêkirin, avêt rasta han:

Qîriya got, "Ez dizanim ez ê çi bikim. Ewlekarino, hela werin vê derê! Min girêbidin, hadê mesekinin, min baş girêbidin û bavêjin nav êgir. Dilê min qiyar nade ku dostê min seba min bê cezakirin."

Vê meydanxwsetina dilêrî ya Pinokyo, bandor li kûkleyan kiribû.

Êgirxur, wekî qeşayê hem xwînsar hem jî hişk bû. Ew jî dilzîz bû:

"Pinokyo, tu zarokekî mêrxas î! Gav werê got, dipişkiya. "De ka wer, min maçî bike..."

Pinokyo, wekî simoleyan çipikî, xwe çeng kir hemêza Êgirxur. Riha wî napirand û maçek danî serê pozê Êgirxur.

Dengekî zirav ku mirov nizanibû çi dibêje ji Arloken derket:

"Ji ber ku te ez bexşandim, zor spas."

"Min vê carê te bexşand."

Ev xebera xweş, kiribû ku kûkle ji kêfa bifirin. Ronahiyên li wê devera biçûk gişan vêxistin. Heya serê sibehê kêf û şahî kirin.

12
PINOKYO, LEQAYÎ ROVÎ Û PISÎKÊ TÊ

A din a rojê, Êgirxur, gazî Pinokyo kir, jê pirsî: "Navê bavê te çi bû?"

Pinokyo, di cî de bersiva wî da:

"Geppetto!"

"Çi karî dike?"

"Zilamekî extiyar û hejar çi karî bike..."

"Aşkere bi min re biaxife."

"Temam. Em hindikî qezenc dikin, bi zor û heft bela debara xwe dikin. Wê rojê, ji bo ku ji min re alfabeyekê bikire, çû qazaxê li ser xwe firot."

"Wa, wey mala min ê... Dilê min pê şewitî. Silavên min lê bike. A ji te vî pênc zêrî bide wî."

Pinokyo, ji kêfa hindik mabû bifiriya. Yeko yeko kûkleyan hemêz kir. Malavayiya Êgirxur kir û bi rê ket. Hîn çeng gavan meşiyabû, ji nişka ve leqayî roviyekî kulek û pisîkeke her du çavên wê kor hat. Rovî, bi kubarî silav li Pinokyo kir:

"Rojxweş Pinokyo."

"Tu navê min ji ku dizanî?"

"Ez bavê te nas dikim."

"Te ew li ku dît?"

"Duh wexta li ber deriyê mala xwe rûniştibû, min ew dît."

"Êêê çi dikir?"

"Qazaxê wî ne lê bû, di wê sar û seqemê de direhilî."

"Wê bavê min ê reben ji niha pê de neqefile."

"Çima?"

"Ez zengîn bûme."

Rovî, qederekê bi vê gotina Pinokyo keniya.

Pisîkê jî bi pêkên xwe simêlên xwe mist dan, nehişt

kes çav bi kenê wê bikeve.

Pinokyo got, "Hûn bi çi dikenin? Aha, va zêr li vira ne." Zêrên ku Êgirxur dabûn wî, rê wan da.

Rovî, çawa çingîniya zêran bihîst, nigê xwe yê kulek rast kir. Pisîkê, çavên xwe yên kor vekirin. Pinokyo, bîra dafika li ber wî hatibû danîn nebûbû.

Rovî, bimeraq pirsî:

"Tu yê çi bikî ji vî pereyî?"

"Pêşî ez ê ji bavê xwe re qazaxekî bikirim û ji xwe re jî alfabeyekê."

"Te got alfabe?"

"Helbet alfabe. Ez ê biçim dibistanê, bibim xwendekarekî jêhatî."

Rovî got, "Hela li vî halê min binere. Min xwest bixwînim, axirê werê kulek mam."

Pisîkê jî xwe avêt navê:

"Min jî xwest bixwînim, lê her du çav jî çûn."

Tam di vê kêliyê de mirîşkeke reş li ser sênca ku lê lûsiyabû, dest bi kilamekê kiribû:

"Birakê Pinokyo, birakê Pinokyo! Tavilê xwe ji hevalên xirab dûr bixe, tavilê xwe ji hevalên xirab dûr bixe..."

Xwezî Mirîşka Reş qet deng ji xwe neaniya. Pisîkê xwe çeng kir ser sêncê û bi nahpikên xwe ket ser Mirîşka Reş. Rebenê bêyî ku bibêje "Ax!", pisîkê ew kir loqeq û daqurtand.

Pinokyo got, "Rebena Mirîşka Reş" û heyf lê anî.

Pisîkê bi pêkên xwe simêlên xwe alastin û got, "Min

xwest dersekê bidimê. Bira careke din tiliya xwe neke nav karê kesî." Dû re lîstika xwe ya korîtiyê domand.

Rê, bi nîvî kiribûn. Rovî, ji nişka ve ma sekinî û pirsî:

"Ma tu naxwazî zêrên te bibin du qat?"

"Helbet dixwazim, lê çawa?"

"Ew pir rihet e. Heger tu bi me re bêyî, zanibe pere di bêrîka te de ne."

"Hûn ê min bibin ku derê?"

"Welatê Gêjan."

Pinokyo, qederekê fikirî. Dû re biryara xwe aşkere kir.

"Na, ez ê bi we re neyêm. Jixwe va em nêzî malê jî bûne. Min soza ku dabû bavê xwe bi cih neanî, ez ji malê reviyam. Tu tişt nema ku nehat serê min. Ez ê bibim zarokekî biaqil û rûnerm. Ez ê tim li ber destê wî bim."

Rovî, ji ber van gotinên Pinokyo adis bûbû. Lê nexwest bide der û got:

"Tu dizanî. Aha, va ye mal li wir e. Hadê here, tu li benda çi yî? Nesekin, bazde here! Lê vê baş zanibe, ê ku bixisire tu wî!"

Pisîkê gotinên rovî dubare kirin:

"Ê ku bixisire, tu wî."

Rovî got, "Careke din lê bifikir. Ez bim tu yê dest ji nesîbê hatiye ber te bernedî."

Pisîkê cardin dubare kir: "Hem jî nesîbek çawa!"

Rovî got, "Lê dizanim tu yê ji ber vê ehmeqiya xwe ji dest beradî."

Pisîkê jî gotinên Rovî dubare kirin:

"Lê dizanim tu yê ji ber vê ehmeqiya xwe ji dest beradî."

Rovî hinekî din jî lê zêde kir.

"Ev pênc zêrên te, heger di nêz de bibin du hezar, qet şaş nebî..."

Pisîkê jî got, "Lê, lê çawa. Ê pênc zêrên te bibin du hezar."

Pinokyo, bêtir matmayî bûbû. Nizanibû yê bibêje çi. Wexta hinekî bi xwe ve hat, pirsî:

"Ê çawa werê bibe?"

Rovî got, "Pir rihet e. Hela em bigihêjin Welatê Gêjan..."

"Em bibêjin em gihaştin wir, dû re yê çi bibe?"

"Li nav Welatê Gijan zeviyek heye. Jê re dibêjin 'Zeviya Bereketê'. Tu yê li wir kortekê çêbikî û pereyê xwe têxî hundirê wê kortê, eynî wekî tuximavêtinê. Tu yê axê bavêjî ser, du qofe av birijînî ser. Xem nake, çend gav bi şûn de robarek heye. Mirov ji dil û can xwe dide ber zor û zehmtiyek werê. Dû re tu piçek xwê jî bi ser axê de bireşînî, safî dibe. Êvarî tu dikarî bi dilekî rihet têkevî xew. Zêrên ku te çandine wê di şevekê de bibin dareke qerase. Lê bifikir, dareke ku şinginiya zêran ji şaxê wê tê..."

Pinokyo, bi dilekî saf pirsî:

"Em pênc zêrên min li 'Zeviyê Bereketê' bireşînin, ê çi qas jê were?"

"Hesibandina wê pir rihet e. Tu jî dikarî bihesibînî. Heger her zêrek şaxeke pêncsed zêrî bide te... Dike çi? Pênc caran pêncsed, encamê dide der."

Pinokyo, ji kêfa ji cihê xwe çeng bû:

"Ooo, em ê bi xelasê bikevin. Ez ê zêran yeko yeko berhev bikim. Piştî ku min du hezar zêr ji xwe re hilanîn, ez ê pêncsed zêrên din jî li me paye bikim."

Rovî, wekî ku pêlî li şerefa wî hatibe kirin:

"Qedera ku Xwedê nivîsî be, betal bike înşele. Ez zêr mêran qebûl nakim. Tu diyarî min bikî jî qebûl nakim."

Gotina Pisîkê di paşila wê de bû:

"Em ne ji wan kesan e ku bidin dû mifha xwe. Em ji bo qenciya hin kesan tevdigerin."

Pinokyo werê fikirî:

"Li vê cîhanê çi qas mirovên qenc hene."

Ji nişka ve sozên ku xwe bi xwe dabû jibîr kirin. Ne qazaxê ku wê ji bavê xwe re bikiriya, ne alfabeya ku wê ji xwe re bikiriya, ne jî sozê ku dabû wê qet ji gotina mezinên xwe derneketa, di bîra wî de mabû.

13
XANA KEVJALA SOR

Bi hev re meşiyan, hey meşiyan. Li giran xistin, di deşt û newalan re meşiyan. Tariya şevê ji zû de ketibû erdê. Bi hawayekî jihaldeketî, bi zor û heft bela xwe gihandin xanekê. Ev der, Xana Kevjala Sor bû.

Roviyê kulek got, "Zarokno! Werin em li vê derê bêhna xwe vedin. Heger hebe, em ê zikê xwe jî têr bikin. Ji bo ku em şeveqê zû bigihên Zeviya Bereketê, em ê nîvê şevê bi rê bikevin."

Ketin hundirê Xana Kevjala Sor. Hingî westiyabûn, mahdê wan nediçû tiştekî. Xwarina hat ber wan, tenê çenikek xwarin.

Rovî, ji xandar re got, "Wa du odeyên xweş bide me. Em ê bi şev zû têkevin rê. Piştî du saetan me şiyar bike."

Xandar, wekî ku bibêje "Min fêm kir" çav li Rovî û Pisîkê şikênand.

Xandar got, "Temam, ezbenî." Wexta xandar çav şikênand, dixwest bibêje "ez bi ber ketim ku hûn ê çi bikin."

Pinokyo, di cî de ket xew. Di xewna xwe de, dareke şaxên wê tijî zêr û dihejiyan, dît. Tam destê xwe dirêjî van zêran dikir, sê caran li ser hev, derî lê ket. Ê ku hatibû xandar bû.

Pinokyo jê pirsî, "Heval şiyar bûne?"

"Hevalên çi, ew du saet berê çûn."

"Çima werê ecele kirin?"

"Bi şev sancûyan bi kurê mezin ê Pisîkê girtiye..."

"Heqê şîva êvarî dan?"

"Ma meriv behsa xwarinekê dike? Ew kesine esilzade û kubar in, nexwestin te biçûk bixînin."

Pinokyo, adis bûbû:

"Heyf! Hema bila heqê xwarinê bidana û bila ez biçûk bixistama."

Dû re bimeraq pirsî:

"Ma wexta dostên min çûn, qey ji te re negotin ku em ê li ku derê hev bibînin?"

"Tu yê wan li 'Zeviya Bereketê' bibînî, şeveqê zû..."

Pinokyo, ji bo xwarinên duh bi şev, zêrek da xandar. Di tariya şevê, di wê tipûtariyê de bi rê ket. Li ser qurmekî kêzikek piçûçik, wekî lembeyekê her der ronî dikir. Pinokyo, hêdîka ber bi kêzikê ve çû.

"Tu kî yî?"

Dengekî nermik û nîvdiyar got:

"Ez, ruhê Sîsirkê me. Ma qey te ez nas nekirim?"

"Tu doza çi li min dikî?"

"A ji te re şîreta min a dawî: Rast berê xwe bide malê. Çar zêrên mayî jî bide bavê xwe. Rebeno ji şeveqê ve kûzenûza wî ye digirî."

"Lê êdî wê bavê min zengîn bibe. Wê her çar zêrên min têra xwe ber bidin."

"Pinokyo, nebî nebî tu ji van derewan yeqîn bikî. Kesên xirab, ji te re dibêjin em ê te zengîn bikin, lê asas wê pereyên te ji te bistînin. Hadê, lawê min ê xweşik, hadê topikê min, rast berê xwe bide malê."

"Na, heya zengîn nebim naçim malê."

"Biner, bûye derengê şevê."

"Rê li ber min negire, ez ê biçim."

"Rê jî pir tarî bûne."

"Ez, ji tariyê natirsim."

"Hem jî pir talûke ye."

"Ez ê biçim."

"Jibîr neke, axirê dawiya zarokên nehs û guhnedêr poşmanî ye..."

"Ev gotinên beradayî ne, hadê bi xatirê te."

"Şevxweş Pinokyo, Xwedê te ji qeda û belayan biparêze. Rê ji rêbir, kujer û serxweşan xalî nabin. Halbûkî dîn jî di rêyên werê re naçin."

Wexta Sîsirkê ev tişt gotin, ji nişka ve winda bû. Çawa ku gava lembeyeke bê tefandin û her der tarî bibe, Pinokyo jî piştî roniya Sîsirkê tefiya, di nav tariyeke zilûmatî de ma. Bêyî ku ber xwe bibîne bi zor û heft bela cardin dest bi meşa xwe kir.

14
QEDA Û BELANINE DIN TÊN SERÊ PINOKYOYÊ GUHNEDÊR

Pinokyo, hem dimeşiya hem jî xwe bi xwe diaxifî: "Em zarokên biçûk, tebayên pir reben in. Her kes şîretan li me dike, me hişyar dike, bi me de dixeyide; heke bivê li me jî didin. Tu dibêjî qey her kes mamosteyên me, dê û bavên me ne... Hema çend sala ji te mezintir bin, tu di bin emrê wan de yî. Ev qanûneke neguherbar e, bi salan e werê dewam dike. Ev Sîsirka dera han jî, li halê xwe nanere, radibe aqil rê te dide."

Dilê Pinokyo hebû xeberdana xwe bidomîne, lê ji nişka ve xişînî bi pelên darekê ket. Xwest li dû xwe bifitile û binere. Aha, wê kêliyê du reşahiyên wekî çewalan xwe çeng kirin ser wî. Xwest bireve, lê nikaribû. Hatibû qefaltin. Wer xuya bû, ev her du rêbirên hêç bûn. Gotinên wan ên ewil ev bûn:

"An pere, an canê te..."

Ji tirsa dev û diranên Pinokyo hatibûn girtin. Bi dest û milên xwe hin îşaret kirin. Xwest bibêje, "pereyê min tune ye."

Ji rêbiran ê qamdirêj bi ser de qîriya:

"Hadê, dev ji fen û fûtan berde, wan zêran bide."

"Zêr mêrên min tune ne."

Ê qamkinik got:

"Heger tu zêran nedî, tu yê bimirî."

Rêbirê qamdirêj, li gefa yê qamkinik zêde kir:

"Em ê bavê te jî bikujin."

Pinokyo, werê bêhêvî xwe avêt bextê wan:

"Ji kerema xwe dest nedin bavê min ê extiyar. Lê

bên rehmê..." Nikaribû axaftina xwe bidomîne. Ziman lê giran bû. Pinokyo, ji bo ku diz jê nedizin her çar zêrên xwe xistibûn bin zimanê xwe. Lê çi kir nekir, zêran ew dan dest. Di devê wî de bû şingîniya wan.

Rêbirê qamdirêj bi ser de qîriya:

"Aha, va me zevt kir. Derewkarê biçûk!" Dû re lê zêde kir. "Derxe, wan pereyên bin zimanê xwe derxe..."

Rêbirê din jî kêlek li fermanê xist:

"Hadê tû bike, derxe wan pereyan..."

Her du rêbiran, bi çepilên Pinokyoyê reben girtin û ew birin anîn. Yekî jê bi çeneya wî girtibû û hewl dida devê wî ji hev veke, ê din jî hewl dida pozê wî yê dirêj berjor rake. Mexseda wan, devê Pinokyo vekin û pereyên di devê xwe de veşartine, derxînin. Lê dikirin nedikirin devê wî venedibû. Te digot qey hatiye mîxkirin.

Rêbirê qamkinik, xwest bi kêrê devî wî veke. Pinokyo, ji nişka ve xwe çeng kir devê rêbir û bi gezekê destê wî jê kir.

Dû re tû kir, destê bixwîn ê rêbir ku di nav devê wî de diperpitî, avêt erdê. Bi şûn de tê derxist ku ev perçeyê bixwîn, pêkê pisîkekê ye. Belê, ê li erdê pêkê pisîkekê bû.

Pinokyo, ji ber vê serketina xwe ya ewil bizirav bûbû û bi nahpûçakan çû rêbiran. Nahpirand, hey nahpirand. Ji nav lepên wan xelas bû. Wekî bayê bezê xwe li nav zeviyan dixist, direviya.

Pisîka ku pêkek wê jêbûbû nikaribû baş bireve. Rovî jî têra xwe derb xwaribûn, birîndar bûbû. Ji her devera wî xwîn dihat. Vê carê pêsîra xwe ji wan filitandibû, lê rêbir hîn jî lê digeriyan. Pinokyo jî ji bo rapelike dara mezin a çend gavan li pêşiya wî, heta tê de hebû bazda. Wexta gihaşt ber darê, hema di cî de rapelikî ser wê û çû li ser şaxê wê yî herî bilind rûnişt. Tew rêbir Rovî û Pisîkê, dest bi amadekariyên feqeke dijwar kiribûn jî. Çûn, qirş û qalên li derdorê anîn û li bin darê kirin lod. Di cî de agir bi şaxên hişk ket. Bîskek bi şûn de agir bi darê ket. Alavên wê gur bûn. Pinokyo, fêm kir ku heger li vir bimîne, wê ji ber êgir û duxanê bipije. Hema xwe ji ser darê çeng kir erdê û bi bayê bezê dest bi revê kir. Wekî werzîşvanan xwe di ser xendeka li pêşiya xwe re avêt wî aliyî. Rêbiran jî xwest xwe çeng bikin, lê her du jî gotin çelppp ketin hundirê xendeka tije av. Bi vî halê xwe yê ku şirîna avê bû ji wan dihat xwarê, dan dû Pinokyo.

15
RÊBIR PINOKYO BI DARBERÛYÊ VE DALDIQÎNIN

Wexta Pinokyo direviya, tim li dû xwe dinerî. Xwe bera nava daristaneke asê da. Bîskek bi şûn de di nav dehl û daran de maleke çîlspî li ber çavan ket. Di dilê xwe de got, "Heger xwe bigihînim wê malê, ez ê ji dest wan xelas bibim."

Bi qasî du saetan dan dû wî. Dû re xwe gihand wê malê. Li derî xist. Lê kesî venekir. Aha! îja yê çi bikira? Li ser hev du bi hindikan li derî xist. Bîskek bi şûn de di paceyê de keçeke kincên wê çîlspî û porê wê şipşîn bi ber çavan ket. Serçavê wê wekî mûmê spî bû. Wexta diaxifî dengê wê ji kûr ve dihat:

Wexta keçikê got, "Kes li vir tune, hemûçik mirin" Pinokyo xwe avêt dexlê wê û got:

"Ji kerema xwe derî veke, ez werim hundir..."

"Nikarim vekim. Ez jî mirime..."

"Te got, tu miriyî? Îja çi îşê te di paceyê de heye?"

"Qasek bi şûn de wê werin min bibin..."

Wexta keçika kincspî, serçavê wê wekî mûmê çîlspî û porê wê şipşîn ev gotin bilêv kirin, ji holê winda bû. Pace jî jixweber hat girtin.

Pinokyo, lavayî kirin:

"Meleka min a xweşik, tu bi xatirê Xwedî bikî tu derî vekî, xwişka min a awirasmanî..."

Hîn axaftina xwe temam nekiribû, ew lepên qelew ew qefaltin.

Roviyê rêbir û cîgirê wî Pisîkê, ji nişka ve qîriyan:

"Devê xwe vek, yan na em dizanin em ê çawa vekin."

Bi kêrên xwe li pişta kûkle xistin. Lê kêr tu bandor li textik nedikirin.

Rovî got, "Hat fêmkirin, divê em vî ya bi darê ve daliqînin."

Pisîkê jî pesend kir û got, "Em daliqînin."

Benik xistin qirika Pinokyo. Qederekê wî bi xwêr ve kişandin. Dû re wî bi şaxa herî bilind a darberûya mezin ve daliqandin.

Gotin, "Hadê, bi xatirê te, em ê sibê werin. Gava em werin, tu yê çûbî dinya wî aliyî."

Piştî rêbir çûn bîskek bi şûn de, bayekî reş hilbû û her der serobino kir. Dara qerase geh bi vî aliyî geh bi wî aliyî de dihejiya. Hingî dar dihejiya, hindik mabû Pinokyo ji ser hişê xwe ve biçe.

Wexta Pinokyoyê daliqandî li ber mirinê bû, ew keçika porşipşîn û rûpak cardin li ber paceyê xuya kir.

Wexta Pinokyo di vî halî de dît, dilê wê pê şewitî.

Gava sê caran li ser hev li çepikan xist, ji her derî dengê çirpîna per û baskan hat. Bazeke mezin hat xwe li ber paceya keçikê danî.

16
PERIYA DARISTANÊ TÊ PINOKYO XELAS DIKE

Bazê got, "Biferme Periya Daristanê."

"Te kûkleyê ku bi darberûyê ve hatiye daliqandin dît?"

Bazê got, "Belê, min dît."

"Bi nikulê xwe benikê di stuyê wî de biqetîne, û wî hêdîka daxîne erdê."

Baz, tişta ku keçikê jê re got, kir. Dû re hat, jê re got:

"Periya Daristanê ya Biçûk, min fermana te pêk anî."

"Sax e, mirî ye?"

"Min ewilî tê dernexist. Min nizanibû yan miriye yan jî li ber sikrata ye. Lê wexta min benikê di stuyê wî de sist kir, ji kûr de bêhn stend. Û kûkle werê got: 'Ox, jiyan çi tiştekî xweş e'..."

Periya Daristanê du caran li ser hev li çepikan xist.

Li ber wê kûçikek şivanan darîçavan bû.

Kincine sirmedar û biapolet ên ajokeran li kûçik bûn.

Periya Daristanê ferman da:

"Ecele, erebeya xwe ya herî baş a di axur de bişixulîne. Tu yê biçî daristanê, li ber darberûya mezin kûkleyekî nîvruhî heye, wî hilgire û bîne vir."

Pênc-deh deqe bi şûn de erebeyê kûkle anî. Periya biçûk ku li nav deriyê li hêla kuçeyê dinere sekinîbû, rahişt kûkleyê reben, xist hemêza xwe. Pînokyo, bir odeyeke biçûk ku dîwarên wê û binbanê wê sedefkirî.

Di vê navê de xeber şandibû ji dixtorên navdar ên welêt re jî. Te dît xebroşk e. Ji her sê dixtorên hatin yek jê Qijalk, yek jê Kund û yek jê jî Sîsirk bû.

Periyê ferman da wan:

"Lê binerin hela ev kûkleyê biçûk sax e yan mirî ye."

Ewilî Qijalkê nêzî nivîna kûkle bû. Pêşî li nebza wî nerî, bi pozê wî girt. Piştî ji serî heya binî baş lê nerî, tişta jê fêm kiribû salox da:

"Li gor min, ev kûkle miriye. Heger sax be, nexwe nemiriye. Heger ne sax be, ji bo saxkirinê tiştekî ku ji destê min bê tune ye. Lê ev qethî ye, dibe ku sax be jî, dibe ku mirîbe jî."

Kund, xwe bera nav xeberdanê da:

"Ez wekî birêz hevpîşeya xwe Qijalka hêja, nafikirim. Gerçî pir xweş peyivî. Bi hawayekî zanistî fikira xwe eyan kir. Lê belê, li gor min, di teşxîsa xwe ya derbarê kûkleyê de dixafile. Çikû dibe ku nexweşê me sax be jî, mirî be jî. Heger hîn sax be, nexwe ev tê wateya ku dijî. Na, heger mirî be, tiştekî ji dest bê tune ye. Nizanim, hûn bi ber ketin an na?"

Keçika Perî, bi baldan li van gotinên derî zanistiyê yên Kund guhdar kirin. Dû re heman pirs ji Sîsirkê pirsî. Sîsirkê ne wekî Qijalkê ne jî wekî Kund axifî.

Hay ji rewşê hebû. Bi kurt û kurmancî got:

"Ev kûkle, rûşûştî, serseriyekî dera hanê ye."

Pinokyo, di cî de xwediyê vî dengî nas kir. Çavê xwe yê rastê vekir, li Sîsirkê nerî. Dû re di cî de çavê xwe girt.

Sîsirkê xeberdana xwe bi vî awayî domand:

"Ev nehsê biçûk, dilê bavê xwe yê hejar pir hêla. Bavê wî yê reben, ji qehra hindik maye bimire."

Aha wê kêliyê nîqrîskan xwe li odeya sedefkirî girt. Kûkleyê biçûk digiriya.

Her kes şaş mabû.

Qijalkê, teşxîsa xwe ya dawî ya derbarê kûkleyê de bi vî hawayî salox da:

"Li gor min, madem digirî, dibe ku ev mirî sax be."

Kund, wekî ku bibêje "Na, na" xwend:

"Ez ne bi fikira birêz hevpîşeya xwe re me. Bi ya min, heger miriyek bigirî, ev tê wateya ku naxwaze bimire."

17
POZÊ PINOKYO JI BER DEREWAN DIRÊJ DIBE

Her sê dixtorên navdar ji hundirê odeyê derketin. Keçika Perî, destê xwe danî ser serê kûkle. Eniya wî wekî kûra êgir sincirîbû. Zûzûka tozek xist nav nîv qedeh avê û li hev xist. Qedeh bir ber devê kûkle û got:

"Hadê lawê min, vexwe tu yê baş bibî."

Pinokyo, rahişt qedehê lê mizmizî:

"Tahl e yan şîrîn e?"

"Guh bide meriv, hadê vexwe."

"Ez ji tiştên tahl hez nakim."

"Vexwe, ez ê şekir jî bidim te."

Periya Daristanê çû ji şekirdankê şekirek anî:

"Pêşî şekir bide, dû re ez ê derman vexwim."

"Soz?"

"Soz."

Pinokyo, şekirê ku Periya Daristanê dirêjî wî kir, hema avêt devê xwe.

"Ax ax, heger derman ji şîrînayiyê bihatana çêkirin, min ê hemû dermanan bi rihetî vexwara."

"Hadê, soza xwe bîne cî û vî dermanî vexwe."

Pinokyo, derman bir ber pozê xwe û bêhn kir.

Qîriya got, "Eqqq... Ez nikarim vexwim, ev pir tahl e."

Pinokyo, sirf ji bo derman venexwe heramsî kirin. Lê axirê wexta vexwar di cî de baş bû. Cardin wekî berê sax bûbû.

Pinokyo, gava bûbû wekî berê êdî sekin lê tune bû.

Periya Daristanê, ji kûkleyê dikir tiqetiq pirsî:

"Biner, çawa te bi gotina min kir û te vexwar, tu baş bûyî. Hela bibêje, tu çawa ketî nav lepên van rêbiran?"

Pinokyo, tiştên hatibûn serê wî yeko yeko ji Periya Daristanê re gotin.

Keçika Perî jê pirsî, "Îja ew zêr çûn ku?"

"Min ew winda kirin."

"Te li ku winda kirin?"

"Li daristanê."

Ji ber derew dikirin pozê wî dirêj dibû. Lê haya wî

ji vê tune bû.

Li ber wan çavên xembar ên Periya Daristanê, hêviyek çirûsî:

"Heger te li daristana me winda kiribin, dîtina wan rihet e."

Pinokyo, cardin xwe li şeyataniyê danî.

"A-a-aaaa. Niha hat bîra min. Di rojên dawî de bîrkorî bûme. Min ew zêr li daristan maristanê winda nekirine. Bîskek berê min tevî derman ew daqultandin.

Ji ber ku Pinokyo cardin derew kiribûn, pozê wî hebikekî din jî dirêj bûbû. Ji ber pozê xwe yê ku dirêj dibû, nikaribû xwe virde wêde bide.

Periya Daristanê li Pinokyo dinerî û tîqetîqa wê bû dikeniya.

"Tu çima dikenî?"

"Ez bi derewên te dikenim."

"Ma tu ji ku dizanî ez derewan dikim?"

"Lawê min, ji dirêjbûna pozê te. Du cure derew hene; 'Derewên çîmkurt' û 'derewên çîmdirêj.' Ji ber ku yên te 'derewên çîmdirêj' in, pozê te jî dirêj bûye, a werê girs bûye."

Pinokyo, pir bi ber xwe ket. Xwest ji odeyê derkeve, bireve. Lê nikaribû bireve. Pozê wî hingî dirêj bûbû, nikaribû di nav derî re derbas bibe.

18
PINOKYO, DIÇE ZEVIYA BEREKETÊ

Pinokyo ku hingî pozê wî dirêj bûbû, nikaribû di nav derî re derbas bibe. Giriya, hey giriya. Periya Daristanê, paxav bi giriyê wî nekir. Diviyabû dev ji vî tibîhetê xwe yê derewkar berda. Ev, ê ji bo wî bûbûna derseke baş. Lê dû re, dilê wê pê şewitî. Li çepikan xist. Ji nişka ve bi sedan darkutok ketin hundirê odeyê. Giş li ser serê Pinokyo kom bûn û nikul li pozê wî xistin. Bi dilxweşî karê xwe dikirin. Bîskek bi şûn de, pozê Pinokyo bû wekî berê.

Pinokyo, çavên xwe yên şilbûyû paqij kirin û ji Periya Daristanê re got:

"Tu çi mirovek e qenc î, ez pir ji te hez dikim."

"Ez jî hez ji te dikim" got Periya Daristanê û dû re lê zêde kir, "Heger tu li vir, li cem min bimînî ez ê pir dilxweş bibim. Em ê wekî xwişk û bira bi hev re bijîn. Ez ê bibim xwişka te."

"Ez dixwazim li ba te bimînim. Lê bavê min ê extiyar?"

"Hayê min jê heye. Me xeber şand ji bavê te re. Wê êvarê ew jî bigihê vê derê."

Kûkle, ji kêfa xwe bilind kir:

"Ox, çi xweş. Bavê min jî tê vê derê. Heger bi destûra te be, dixwazim wî li daristanê pêşwazî bikim."

Keçika Perî got, "Temam, tu dikarî biçî. Nebî nebî tu dûra biçî. Dibe ku tu rêya xwe şaş bikî."

Pinokyo, bi rê ket. Wexta gihaşt daristanê, eynî wekî xezalekê beziya. Gava gihaşt ber darberûya mezin, ma sekinî. Wekî ku dengek hatibe guhê wî. Bi baldan derdorê seh kir. A-a-aaaa, ma tu dibê çav bi çi ket? Ma ev ne Rovî û Pisîka ku li Xana Kevjala Sor bi hev re xwarin xwaribûn?

Rovî, xwe avêt stuyê Pinokyo:

"Tu, tu ha? Wile ji çavên xwe bawer nakim! Pinokyo, tu û van deran?"

Pisîkê jî gotinên ku qasek berê Rovî bilêv kiribûn, dubare kirin:

"Wile ji çavên xwe bawer nakim! Tu û van deran?"

"Li benda bavê xwe me."

Rovî pirsî, "Te got, li benda bavê xwe me? Ma çi bûye ji bavê te?"

Pinokyo bi dilekî safik got, "Qet nepirse. Ev, serpêhatiyeke dûndirêj û êşbar e. Wexta li xanê ez ji we veqetiyam, leqayî rêbiran hatim."

"Te got, rêbir? Wey alçaxên heram! Hels bibêj, bibêj... Doza çi li te kirin?"

"Doza zêrên min kirin."

Her duyan bi hev re got:

"Wey alçax lawê alçaxan!"

Pinokyo axaftina xwe bi gotina "Lê ez reviyam" domand. "Herê ji nav lepên wan filitîm, lê axirê ez qefaltim û min bi vê darê ve daliqandin." Sekinî, darberûya mezin a çend gavan wêde, rê her duyan da.

Rovî, wekî ku bi ber ketibe, hêsirên xwe paqij kirin û got:

"Haho, em ketine çi zemanî! Her ku tiştên werê saw dibihîzim, ev mûyên min î nermik çik dibin."

Pinokyo, ji ber vê liv û tevgera Rovî, dilzîz bû. Halê Pisîkê ne tu hal bû. Dikuliya. Pinokyo, meraq kir pirsî:

"Tu çima dikulî?"

Wê kêliyê, pisîkê derewek kir. (Lê pozê wê wekî yê Pinokyo dirêj nebû. Çikû gava kûkleyên di şiklê mirovan de derewan li mirovan bikin, Xwedê pozê wan dirêj dikir. Lê pir bela xwe di heywanan nedida.) Goya wexta Rovî û Pisîk ji xwe re di nava daristanê de meşiyane, rêbirek pêşiya wan biriye. Ev, gurekî pîr bûye. Rabûye doza sedeqeyekê li wan kiriye. Dilê pisîkê jî pê şewitiye, rabûye pêkê xwe jê kiriye û xistiye devê gurê pîr... Mixabin Pinokyoyê belengaz yeqîniya xwe bi vê xebroşkê anî. Xwe bi ser guhê Pisîkê de xwar kir:

"Heger her pisîk wekî te diltenik be, ooo wê kêfa kêfa mişkan be."

Rovî pirsa xwe dubare kir, "Êê, tu li vir çi dikî?"

"Ma ne min got, ez li benda bavê xwe me."

"Îja zêrên te?"

Min yek jê da xwediyê Xana Kevjala Sor, heqê xwarina me ya ku me xwaribû. Ên mayî di berîka min de ne."

"Ooo pir baş e. Nexwe tu yê serê yekî hezarî bi dest bixî, bi çar zêran jî çar hezar zêrî bi dest bixî..."

"Werê ye, lê îro wextê min tune ye. Ez ê li vê derê li benda bavê xwe bisekinim."

"Heger tu karê xwe taloq bikî, ê firsend ji dest te biçe."

"Çima?"

"Çikû kesekî zengîn erd kiriye. Ji sibê pê ve wê hew kes karibe li wir pereyan biçîne."

"Zeviya Bereketê çi qasî dûrî vê derê ye?"

"Bi pêyên te ji nîv rojê hebikekî zêde. Ka bibêje, tu bi me re têyî yan na? Çar zêrên te, rojek bi şûn de wê bibe hezar zêr."

Pinokyo li bavê xwe yê extiyar Geppettoyê, Sîsirka axivok û Keçika Perî ya dilpak fikirî. Pend û şîretên wan ên qencîxwaz hatin bîra wî. Lê cardin jî wekî zarokên bêaqil hereket kir:

"Baş e, ez ê bi were bêm."

Bi hev re bi rê ketin. Li gor gavên Pinokyo, nîv rojê meşiyan. Çûn, gihaştin bajarekî hejar ku kuçe û kolanên wê ji kûçikên rût xalî nabe. Gihaştin bajarekî hejar ku ji birçîna xîlokên dîkên wê û hiriya mihên wê weşiyayî. Wer xuya bû ku candaran jî ji bo ku zikê xwe têr bikin hema çî wan ê biqîmet hebûn dabûn ber firotinê. Qerqewilan bixwe jî ji birçîna wan perikên xwe yên wekî zîv û zêran firotibûn û di nava vî bajarî de bi xwêr ve diçûn.

Pinokyo mat ma, gava çav bi vê hejariya kujende ket.

Pirsî, "Ma ji Zeviya Bereketê re hîn pir maye?"

Rovî, bi qurnezî got:

"Sebir bike Pinokyo, hema bêje em gihaştinê."

Vî bajarê hejaran derbas kirin. Gihaştin çol û pesareke tenha. Bi qeysa pêyên kûkleyekî nîv saetên din jî bi rê ve çûn. Çûn, li nav beriyeke bêdar, bêav, bi kevir û ax.

Rovî, ma sekinî û got, "Aha ev der e." Dû re lê zêde kir: "Hadê! Niha dest bi kolandina erdê bike. Zêrên xwe têxe hundirê kortika ku tu yê bikolî. Piştî te ser wan bi axê nixumand, rast berê xwe bide robar."

Pinokyo, tiştên ku Rovî jê re gotin giş kirin.

Dû re ji Rovî pirsî:

"Wekî din tiştekî ku bikim heye?"

Rovî got, "Na. Aferim, te her tişt xwe bêqisûr kir. Te pîroz dikim, Pinokyo. Êdî ne hewce ye em heya sibehê bisekinin. Bîst deqe bi şûn de tu dikarî werî li zeviyê binerî. Tu yê karibî ji dara ku lingîniya zêran ji şaxên wê tê têrka dilê xwe bêrîkên xwe tije bikî."

Dostên min ên biaqil û biçûk! Li rûyê erdê tu wextî kûkleyeke baqil nehatiye dîtin. Pinokyoyê me yê saf jî ji kêfa nizanibû yê çi bike.

Got, "Soz didim birakê Rovî, ez ê hem te hem jî hevalê te Pisîkê di nav diyarî û xelatan de bihêlim."

Rovî got, "Hewce nake. Em diyarî miyariyan qebûl nakin."

Pisîkê jî gotinên Rovî dubare kirin:

"Em diyarî miyariyan qebûl nakin."

Rovî, rola xwe ya qasidiya qenciyê domand û cara dawî ji Pinokyo re got:

"Heger min bê tahb û ked, rêya qezenceke mezin li ber te xistibe, ev ji bo min cihê şanazî û dilxweşiyê ye." Dû re ji bo ku Pisîk jî fikira wî pesend bike, jê pirsî, "Ma ne werê ye, heval Pişo?"

Pisîkê got, "Helbet. Heger me bê tahb û rebenî rêya qezenckirinê li ber te xistibe, ev ji bo me cihê şanazî û dilxweşiyê ye."

Her du rêbirên dilxerab, piştî ku ji bo qezenceke zêde ji Pinokyo re dua xwestin, wekî ku birevin ji wir bi dûra ketin.

19
PINOKYÊYÊ KU PERE JI DEST ÇÛN, TÊ GIRTIN

Pinokyo, piştî ku ji Rovî û Pisîkê veqetiya, qet nesekinî. Ji bo ku bîst deqe bi şûn de vegere nava zeviyê, çû bajêr. Wexta ku fêm kir, mîhadê wî tije bûye, cardin vegeriya Zeviya Bereketê. Ji kelecana nava dilê wî çargopalî lêdixist. Te digot qey wexta hin kes pê bihesin, ê bibêjin qey wî dilê wî yê biçûçik eynî wekî saetekê dibêje tiq teq tiq teq...

Pinokyo hem diçû, hem jî ji xwe re xewn û xeyalên pûç, bêkêr û wê qet pêk neyên çêdikir: "Hela tu li vê ecêbê! Tu çar zêran diçînî, ji nişka ve dibe çar hezar. Tew bi ser de Xwedê jî comerdiyê bike, belkî bibe çil hezar zêr jî. Ev qas zêr nakevin bêrîkan û kîsikan. Çi bikim? A baş ji bajêr erebeyekê bînim. Helbet piştî vê serwetê ez nikarim li ba bavê xwe di wê qulûbekê de bijîm. Ez ê ji xwe re qesreke mezin, qesreke bihişmet çêbikim... Ez ê di axurên xwe de bi sedan hesp xwedî bikim. Ez ê sênî bi sênî şêranî, paste, biskûwîtan îkramî mêvanên xwe yên hêja bikim. Bi kurt û kurmancî, ez ê li derdorê bibim kesê herî maldar, rêzdar û herî esilzade."

Pinokyo, xwe bi xwe, bi dengekî bilind xeyal çêdikirin û bi vî awayî nêzî zeviyê bû. Lê li nav zeviyê çav bi dar mareke ku şingîniya zêran ji şaxên wê dihat neket. Meşiya, hey meşiya. Ev dar li ku ma lo! Qey erd qelişî û tê re çû! Bi awayekî ku qet li zarokekî esilzade nedihat kumikê xwe ji serê xwe derxist, bi hawayekî çortî bû xirtîna wî û serê xwe xurand. A rast, tu zarok vê çortiyê nakin. Lê Pinokyo, ev qebehet jî kir.

Ji nişka ve hîqehîqeke ku bêdengiyê tarûmar kir hat guhê wî. Wexta Pinokyo serê xwe rakir û nerî, li ser darê çav bi tûtiyeke keftorî ket ku bi nikulê xwe pûrta xwe paqij dikir.

Pinokyo, bihêrs qîriya:

"Çi zirtezirta te ye werê?"

"Ma tu kor î, nabînî ez paqijiya serê sibehê dikim.

Wexta bi nikulê xwe bin baskên xwe paqij dikim, xurîkiya min tê, tim werê dikenim."

Pinokyo ku ji ber vî kenê tûtiyê pir hêrs bûbû, bi ser de qîriya:

"Tu ji serê xwe derketî. Ma tu eyb û fedî nakî, hê jî hîqehîqa te ye. Bes wer bik!"

Axirê tûtiyê sedema kenê xwe got.

"Ez bi ehmeqên ku ji gotinên kesên qurnaz û hîlbeaz yeqîn dikin dikenim. Her ku çav bi kesên werê bêaqil dikevim, bi xwe nikarim û werê dikenim! Ha ha ha, hî hî hî... Xêto nizanim te fêm kir ez ji bo çi dikenim..."

Wer xuyaye Pinokyo bi ber gotinên Tûtî neketiye, lewma bi dilekî safî got:

"Baş ji min re bibêje, min tiştek ji gotinên te fêm nekir. Tu dixwazî bibêjî çi, aşkere bibêje."

Tûtî, vê carê bi dengekî ziravik û hêla qîriya:

"Dixwazim behsa bûdeleyên wekî te ku zûzûka dixapin, bikim. Çikû tu û kesên wekî te naxwazin rastiyê bibînin, guh li pend û şîretan nakin."

Pinokyo, xwe avêt dexlê Tûtî da ku mebesta xwe bide der:

"Ji kerema xwe, aşkere biaxife. Maxwene ew bûdeleyê ku tu behs dikî ez im?"

Tûtî bi hawayekî jixweragir got, "Ew bixwe ye." Dû re jî gotinên xwe bi vî awayî temam kirin: "Pinokyo, te xap kirin, te xapandin. Ma li ku derê hatiye dîtin, meriv pereyan li nav axê biçîne, wê pere şîn bibin? Aqilê te bi ber tiştekî werê jî neket. Heyf."

Pinokyo qîriya, "Heywax, ez perîşan bûm! Îja ez ê niha çi xweliyê li serê xwe bikim."

"Rast berê xwe bide cem dadger, nesekin."

"Ma dadger li ku ye?"

Tûtî, ji ber vê nezaniya Pinokyo mat ma sekinî:

"Ax, gedeyê şirîn, tu pir safik î. Ma yê dadger li ku be? Helbet ê li dadgeha bajêr be."

Pinokyo, ji ber van gotinên Tûtî bêhêvî bûbû. Rast bi

bazdan berê xwe da bajêr, çû hizûra dadgerê dadgehê.

Dadger, Gorîlekî extiyar û porspî bû.

Berçavka wî ya li ser pozê wî, rêzbariya wî zêdetir kiribû. Lê berçavka wî bê cam bû.

Pinokyo, tiştên hatibûn serê wî yeko yeko ji dadger re gotin. Gava dadgêr li zingilê li ser kursiyê xist, du kûçikên Buldok hatin li ber dadgêr tîk man sekinî. Kincên polîsan li wan bûn. Dadger, Pinokyo rê kûçikên Buldokî dan û werê ferman da:

"Zêrên vî xortê reben dizîne. Ez vî xortikî digirim. Wî biqefêlin û têxin bendîxaneyê!"

Pinokyo, ji ber vê biryara dadgêr mat mabû:

"Lê belê birêz dadgerê min..." Feqet dadgêr, kesekî sonda karê xwe li canê xwe xistibû. Guh li Pinokyo nekir. Buldokan, dest û nigên Pinokyo girêdan û wî ji hêwana dadgehê derxistin. Wî birin, xistin bendîxaneya bajêr. Tam çar mehan di bendîxaneyê de ma. Hem jî di hucrikeke teng de.

Wexta Pinokyo cezayê xwe yê hucreyê dikişand, li bajêr qewimînek ecêb çêbû. Qiralê ciwan ê bajarê "Dafika Ji Bo Ehmeqan" gava di şerê li dijî neyarê xwe de bi ser ket, xwest vê serketina xwe bi merasim û şahîne mezin pîroz bike. Seranserê bajêr bi ronahî û kulîlkan hatibû xemilandin û pêşbirka hespan hatibû lidarxistin. Her wiha sûcdar hemû jî hatibûn bexşandin. Pinokyo jî bi fîkefîk ji bendîxaneyê derket. Xwe li nav qelebalixiya li bajêr xist, çû.

20
PINOKYO DIBE NOBEDARÊ PÎNEKÊ

Tiştên ku hatibûn serê Pinokyo hê neqediyabûn. Di rê de leqayî colek kûjeyan hatibû û dabû dû wan. Aha wê kêliyê nigên wî ketin feqekê. Qîriya, "Off! Tu dibê qey nigê min şikiya! Ay ay, pir diêşe" û got kûr û giriya. Hema li wir rûnişt, ji êşa perpitî. Qasek bi şûn de wekî ku êşa wî nemabe, cardin bi rê ket.

Êvar ji zû de derbas bûbû, tarî ketibû erdê. Bi zor û heft bela, di rêyên tenha de, xwe li nav gundên bêronahî xist, hat serê zeviyekî. Ji westana çokên wî rehilîn. Çok şikandin, xwest bêhna xwe bide. Di vê navê de dengine wekî cirt cirt dihatin guhên wî. Serê xwe rakir, li derdorê nerî. Sîsirkeke li ser şaxa darekê bû, diaxifî.

Pinokyo, dengê dosta xwe nas kiribû. Pêşî, li hal û wextê hev pirsîn, dû re xwe avêt dexlê Sîsirkê:

"Heval Sîsirk, ji kerema xwe min ji vê êş û azarê xelas bike."

Dilê Sîsirkê bi Pinokyo şewitîbû:

"Wey Pinokyoyê min ê biçûk, wer xuyaye ev hesinên tûj te pir êşandine..."

"Belê, canê min pir êşiya, hê jî pêyên min diêşin."

"Hela bêje, ma tu çawa ketî vê feqê."

"Pir tî û birçî bûbûm. Ji bo çend goşî tirî jê bikim, min xwe bera nav rezekî da."

"Rezê ku te yê tirî jê bikira, ê te bû?"

"Naa, me yê ji ku yê min be. Ma ka pereyê min heye ku rez bikirim."

"Kî ji te re gotiye, tu dikarî tiştekî ne aydê te bixwî?"

"Ma ne min got, ez pir birçî bûm."

"Bila be, cardin jî heqekî te yê werê tune ye..."

A rast, Sîsirkê baş ji heqê Pinokyo derdiket. Ji ber ku bersivên wî yên ji bo pirsên Sîsirkê li hev dernediketin, rabû got kûr û giriya:

"Tu rast dibêjî heval Sîsirk. Lê ez soz didim, ez ê careke din tiştekî werê nekim."

Di vê navê de, dengê nigan hat wan, ber bi wan ve dihatin. Her duyan jî xwe ker û lal kir.

Ê ku hatibû xwediyê rez bû, dixwest eseh bike bê ka bi şev kûjek ketiye pînika wî ya na.

Zilêm lembeya di bin pelerînê de xwe derxist, pê hundirê pînikê ronî kir. Gava ji dêvla kûje, di feqê de çav bi nigên kûkleyekî ket, mat ma sekinî. Xwediyê rez qîriya:

"Hey şeytanê biçûk! Dêmek ê bi şev xwe bera pînikê dida tu bûyî ha!"

Kûrekûra Pinokyo bû. Xwe avêt dexlê wî:

"Na, ne ez bûm. Ê ku mirîşkên we dizîn ne ez im. Min tenê du goşî tirî ji rezê we jê kiribû."

Gundî, bi qeterehmî got:

"Ê ku tirî bidize, ê mirîşkê jî bidize. Ez ê derseke werê bidim te, heya tu sax bî tu jibîr nakî."

Zilam, eynî wekî bi sikura berxeke nûzayî bigire, bi sukura kûkle girt û ew anî malê.

Zilam got, "Îro bû dereng, xewa min pir tê. Em ê sibê hesabê xwe bikin." Dû re wekî ku tiştek hatibe bîra wî, lê zêde kir: "Vê sibehê, kûçikê min ê li ber çewliga min mir. Ji dêvla wî tu yê bibî nobedar."

Pinokyo got, "Ez nikarim nobedariyê bikim."

Lê belê zilêm guh li lavayiyên kûkleyî nekirin. Çû toqa kûçikê xwe yê mirarbûyî anî, xist stuyê kûkle. Zincîrek dirêj bi toqê vebû. Çû, zincîrê jî bi xeleka bi dîwêr ve vekir.

Zilam got, "Heger îşev baran bibare, tu dikarî di hundirê vê qulûbekê de razê. Di rojên şiliyê de kûçikê min ê mirarbûyî li vê derê dima."

21
PINOKYO AZAD DIBE

Pinokyo, bi qasî du saetan di vê qulûbekê de raza, belkî jî hîn zêdetir. Ji nişka ve xirecirek bihîst û şiyar bû. Dengine wekî nêwîn û ewtînê bûn. Kesên ku li dora pînikê diçûn û dihatin, kûje bûn ku mirîye hêk û mirîşkan bûn. Yek ji wan xwe bera hundirê pînikê da. Hêdîka got:

"Şevxweş Melampos."

"Navê min ne Melampos e, Pinokyo ye."

Kûje şik birinê:

"Tu li vir çi dikî?"

"Ez nobedarê mirîşk û hêka me."

"Êê ka Melampos?"

"Vê sibehê miriye."

"Waa, wey li minê. Çi kûçûkeke qenc bû. Pir li ber ketim. Ji wechê te xuya ye, tu jî kûçikekî qenc î."

"Bibore, ez ne kûçik im."

"Îja tu çi yî?"

"Ez kûkle me."

Kûkle, ji ber pirsên kûje bêzar bûbû. Bersiva xwe dubare kir:

"Belê, ez kûkle me. Xwediyê rez ez ceza kirim, lewma ez ê heta wextekê nobedariyê bikim."

Kûje, bîskekê lê hûr bû, dû re ji kûkle re got:

"Eynî wekî Melampos, em dikarin bi te re jî li hev bikin."

"Lihevkirina çi?"

"Wekî qewlê berê em ê hefteyê carekê bên vê derê û heşt mirîşkan bibin. Heft jê yê me, yek jê jî ya te. Îjar gava em bên vê derê, divê tu xwe li xewê deynî. Ewtînî, mewtînî tune! Me li hev kir?"

"Ma qey Melampos werê dikir?"

"Belê, werê dikir. Me û wî pir baş li hev kiribû. Me bi serê hev sond dixwar, em eynî wekî nal û bizmar bûn. Qet xeman nexwe, serê sibehê wê mirîşka pirtikandî li ber te be. Çawa ye, me li hev kir an na?"

Pinokyo got, "Ma ev jî pirs e? Helbet, me li hev kir."

Çar kûje, bi dizîka ketin pînikê. Çawa ketin hundirê pînikê, deriyê pînikê bi hêla hat girtin. Pinokyo, derî li ser wan girtibû. Ji bo venebe jî, çûbû kevirekî qerase anîbû, spartibû derî. Pinokyo, bi derbekê ev tişt kirin. Wexta werê dikir, di ber re jî diewtiya. Cotkar bi ewtîniyê şiyar bû. Ji nav ciyên xwe çeng bû. Rahişt tivinga xwe û çû ber paceyê, qîriya:

"Ew kî ye?"

Pinokyo, bi kelecan got:

"Min diz zevt kirin."

"Ka li ku ne?"

"Di pînikê de ne."

"Nebî nebî tu wan berdî, bise va têm."

Her çar kûje bi hawayekî tawanbarkirî di pinîkê de mabûn sekinî.

Cotkar got, "Axirê hûn hatin zevtê. Alçax oxlî alçaxlar! Ez ê we her çaran jî bidim xandar. Ew ê werê xweşikî çermê we bigure û wê goştê we jî bibirêje. A rast hûn ne layiqî vê şerefe ne jî, lê ka çi bikim, dilê min bi we naşewite."

Kûje, pir tirsiyabûn. Ji fediya serê xwe bera ber xwe dabûn, werê bêdeng guh li cotkêr dikirin. Dû re cotkar berê xwe da Pinokyo û got:

"Pinokyo, ez çi qasî malavayiya te bikim jî qîm nake" û dû re lê zêde kir: "Tu çawa bi van dizan hesiyayî?

Melamposê min tu carî bi wan nedihesiya..."

Pinokyo, dikaribû axaftina xwe û kuje rasterast ji cotkêr re bibêje. Lê ne rast bû ku meriv li dû kûçikekî mirarbûyî biaxife. Werê bêdeng ma sekinî. Lê ji bo ku cotkêr zêde nekeve tatêlê got:

"Apê cotkar, ji van kujeyan yek jê hat ji min re got, 'Were em û te li hev bikin?' Lê min qebûl nekir."

"Aferim ji te re Pinokyo aferim."

Dû re pişta kûkle mista da û got:

"Nexwe tu ne zarokekî xirab î. Ez ê ji ber vê hereketa te ya esilzadeyî, xelatekê bidim te. Tu azad î. Hadê lawê min, tu dikarî biçî mala xwe."

Piştî van gotinan cotkêr toqa di stuyê Pinokyo de derxist.

22
PINOKYO, PIR LI BER MIRINA PERIYA DARISTANÊ YA PORŞÎN DIKEVE

Pinokyo, wexta stuyê xwe ji toqê xelas kir ji kêfa got, "Ox xweş, dinya çi qas xweş e!" Dixwest kêlî berî kêliyê Periya Daristanê bibîne. Xwe li nav daristaneke gur, asê û tarî xist. Aha, Rovî û Pisîkê wî li vê daristanê qefaltibûn û bi darberûyê ve daliqandibûn. Li wir, li mala spî ya Periya Daristanê ya porşîn geriya. Mala ji holê rabûbû. Li şûna wê kevirekî spî hatibû çikandin. Li ser kevir jî ev gotin hatibûn nivîsandin:

PERIYA DARISTANÊ YA PORŞÎN
LI VÊ DERÊ RADIZÊ
JI BER KU BIRAYÊ WÊ YÊ BIÇÛK PINOKYO
TERKA WÊ KIRIYE
JI KERBA WÎ MIRIYE

Pinokyo, bi wan çavên xwe yê xumîna hêsiran bû ji wan dihat, bi zor û heft bela nivîsa li ser kevir xwend. Çok vedan û kevirê mermerî maçî kir. Kir îskeîsk.

Di wê navê de eyloyek difiriya. Wexta çav bi wî halê Pinokyo ket, meraq kir. Hêdî hêdî xwe bera jêrê da û hat li kêleka Pinokyo ma sekinî.

Eyloyê jê pirsî, "Lawê min tu li vê çi dikî?"

"Ma tu nabînî ez digirîm."

"Ji bo çi?"

"Bi derd û kul im, ji lewma."

Pinokyo, dixwest Eylo ji cem wî biçe. Lê wer xuya

bû, dilê wê û çûnê tunebû:

"Di nav hevalên te de kesekî bi navê Pinokyo heye?"

"Pinokyo, ez im. Tu doza çi dikî?"

Eyloyê xwe bi ser guhê Pinokyo de xwar kir, wekî bi pistînî tiştina bibêje, hêdîka kir xurexur:

"Lawê min, tu Geppetto jî nas dikî?"

"Te got Geppetto? Ax bavikê min ê belengaz. Ji kerema xwe re rast bibêje, bavê min çawa ye? Maxwene nexweş e?"

"Sê roj berê, min ew li bendergehê dît. Pir bitelaş bû."

"Çima bitelaş bû?"

"Ji ber ku çar meh in xeberê ji te nagire, çûye kelekek kirê kiriye û biryar lê daye ku li seranserê cîhanê li te bigere."

"Ew bendergeh pir dûrî vira ye?"

"Kêm zêde bi qasî şesed mîlî..."

"Off! Bavê min ê reben pir li dûra ye! Ez ê çawa karibim herim wir?"

"Heger bixwazî, dikarim te bibim."

"Bi çi hawayî?"

"Ma jê rihettir. Ez ê te li pişta xwe bikim û bi baskên xwe yên zexim te bifirînim. Rast ji min re bibêje, tu çend kîlo yî?"

Pinokyo, bi dilxweşî kir hîqehîq:

"Kîloya çi? Ez bi qasî perîkekî sivik im."

Eyloyê got, "Baş e. Nexwe li pişta min siwar be."

Pinokyo, eynî wekî siwaran li ser qorika Eyloyê siwar

bû û çîmên xwe dirêj kirin. Hişka bi stuyê çivîkê girt:

"Hadê!"

Te digot qey Eylo jî li benda vê halana kûkle bû, zûzûka bi hewayê ket.

Wexta roj hilat, xwe gihandin bajarê bendergehî yê ku Geppetto lê bû. Eyloyê hêdîka Pinokyo daxist peravê.

Dû re bêyî ku li benda malavayiyê jî bisekine, bi hewa ket û ji ber çavan winda bû.

Kersax, pir qelebalix bû. Mirov, bitelaş dest û milên xwe dihejandin û li keleka ku pir dûrî peravê bû û di nava pêlên dijwar de diçû û dihat temaşe dikirin. Pinokyo, xwe nêzî xaltîkeke extiyar kir û jê pirsî:

"Çi bûye?"

"Ev zilamê extiyar, ji bo kurê xwe yê winda bibîne, xwe li nav behrê xistiye."

"Bi vê keleka ku di nav pêlan de diperpite?"

"Belê, belê, eynê bi wê."

Aha wê kêliyê zilamê di keleka ku di nav pêlan de diperpitî, nas kir. Ev, bavê wî bû. Bi zor û heft bela bi hawayekî bêhêvî qîriya:

"Bavooo!.. Ew bavê min e..."

Ev qîrîn di nava pêlan de tepisî, winda bû. Pinokyo, dest û milên xwe hejandin û dixwest ji bavê xwe re bibêje ku li vê derê ye. Lê bêfêde bû. Çikû zilamê di keleka ku di nav pêlan de geh noq dibû geh bi ser avê diket, ne mimkun bû ku Pinokyo bibîne.

Kelek cara dawî bi ber çavan ket, û winda bû. Masîvanan got:

"Wey li minê! Zilamê reben fetisî. Kes jî nikare wî xelas bike."

Dû re bi pistînî dest bi duayan kirin û çûn ser karê xwe.

Ji nişka ve qîrînek çêbû. Ê diqîriya Pinokyo bû, xwe ji ser zinaran avêtibû behrê. "Bavo, bise ez ê te xelas bikim."

Di vê qîrîna bêhêvî de hêzeke ku hêviya jiyanê li zilamê extiyar peyda dikir hebû. Her kes şaş ma sekinî. Tu hêz û qewet nikaribû Pinokyoyê ku xwe ji ser wan zinarên bilind avêtibû behrê noqî bin avê bike. Çikû Pinokyo ji textikan hatibû çêkirin. Ma textik noqî bin avê dibe? Na, biçûkên ber dilê min na, nabe helbet, noq nabe. Masîvanên li peravê kom bûbûn, belesebeb bi ber diketin:

"Wax wax, rebenko!"

23
HEVDÎTIN BI PERIYA DARISTANÊ RE, LI BAJARÊ JÊHATIYAN

Pinokyo, bawer dikir ku heger di wext de bigihêjê, wê bavê xwe bi xelasê bixe. Ji bo vê jî, wê şevê bênavber çeplên xwe li avê xistin, sobeberî kir. Te digot qey a dibare ne baran e, tofan e. Piştî birûskên vedidan, xurmîniya ezmanan tevli himîniya pêlan dibûn.

Wexta dinya zeriqî, reşahî xuya bû. Ev, giraveke li nêv behrê bû. Betilîbû, lewma hem sobeberî dikir hem jî hinekî xwe bera bextê pêlan dida. Bi vî awayî gihaşt kersaxê.

Ji nişka ve tav derket û rojeke bitên dest pê kir. Pinokyo, kincên xwe yên şilopilobûyî ji xwe kirin û wan li kersaxê raxist, da ku ziwa bibin.

Xwe bi xwe got, "Çi giraveke xweşik! Lê hê tu bi navê wê jî nizanî. Çi ecêb e, gava bipirsin tu li ku yî, tu yê çi bibêjî? A rast ev tiştekî komîk e. Baş e, lê heqeten ez li ku me?"

Wexta werê bêhêvî bû û li derdora xwe dinerî, fînmasiyek bi xar û lez di ber wî re derbas bû. Pinokyo got, "Aha, dikarim ji vî bipirsim."

Gelo meriv çawa gazî kesekî bi navê wî nizane dike? Nizanibû. Hema çawa ji dilê wî hat bi wî hawayî gazî masî kir:

"Roja te bi xêr, birêz masî. Gelo dikarim tiştekî ji te bipirsim?"

Fînmasî, hem henekbaz bû hem jî kubar:

"Dixwazî du tiştan bipirse."

"Gelo li vî welatî bêyî ku meriv bibe êmê hin kesên din, devereke ku meriv zikê xwe lê têr bike heye?"

"Wey, helbet heye! Dikarim navê aşxaneyeke li van texma jî bibêjim."

"Ez ê çawa karibim biçim wir?"

"Xwe li şiverêya li destê çepê bixe. Rast bimeşe. Ne mimkun e tu şaş bikî."

"Dixwazim vê jî bipirsim: Tu bi şev û biroj di nava behrê de digerî. Gelo di kelekeke biçûk de tu qet leqayî kesekî hatî ku di nav pêlan de diperpitî?"

"Çima?"

"Zilamê di wê kelekê de bavê min e..."

"Waaa... Duh hemû kelek di wê firtoneyê de qelibîn. Miheqeq niha ew jî fetisiye."

"Ma tu dibêjî bavê min bi xelasê neketiye?"

Fînmasî got, "Ne bawerim. Di rojên werê de li van deran cinawirên behrê pir in. Ew cinawirên ji wan re dibêjin Kalafat, bi qasî balînayekî mezin in. Ez dibêjim niha bavê te jî di zikê cinawirê Kalafat de ye."

"Birêz Apê Masî, gelo tu dikarî hinekî din jî ji min re behsa vî cinawirî bikî?"

Fînmasiyê henekbaz, ji Pinokyo re got.

"Gelo nizanim ez ê çawa ji te re bibêjim? Kalafatek ji apardûmaneke pêncqatî mezintir e. Wexta wî devê xwe yê bi qasî tûnelekê mezin vedike, tûneleke lokomotîf a qerase bi rihetî dikare têkeve devê wî."

Pinokyo, ji tirsa hindik mabû ji xwe ve biçe. Bi qîrîn got:

"Xwedêyo! Yanî ew qasî mezin e?"

Kincên xwe yên ji bo ziwa bibin danîbûn ber tavê,

bitelaş li xwe kirin. Wexta bi rê ket jî jibîr nekir, malavayiya Fînmasî kir:

"Bi xatirê te Apê Masî. Ez deyndarê te me. Ez ê vê qenciya te jibîr nekim."

Pinokyo, berê xwe da wê rêya Fînmasî li ber xistibû. Zûzûka meşiya. Çû, hey çû. Di nîv saetî de gelek rê meşiya. Axirê gihaşt Bajarê Mêşên Jêhatî. Li bajêr her kes xwedî kar bû. Her kes dişixulî. Li kuçe û kolanan candarek beredayî û tiral tune bû. Pinokyo, xwe bi xwe got:

"Ev der, ne li gor min e. Ez ji bo şixulê nehatime xuliqandin."

Bi vî hawayî li nav bajêr geriya. Lê gava digeriya ji nêza xurexura zikê wî bû. Bîst saet bûn, zewade bi devê wî neketibû. Diviya çi bikira? Gelo beramberî hinek xwarin ji xwe re karek peyda bikira, an bi parsê biketa? Nizanibû yê çi bike. Mirovên extiyar û seqet jî gava pars dikirin, xwe biçûk dixistin. A rast parsektî karekî rezîl bû. Belkî karê herî adî û rezîl parsektî bû.

Wexta Pinokyo bi fikirên werê dimeşiya, zilamekî extiyar derket pêşiya wî ku bi zorê du erebokên barê wan komir dikişand. Ji fediya soromoro bû. Xwe avêt dexlê zilam:

"Ezbenî, ji kerema xwe guh li min bike. Ji nêza dimirim. Aliyê min bike."

Komirvanê extiyar got:

"Heger tu aliyê min van her du erebokan heya malê bikişînî, ez ê du qurişan bidim te. Çawa ye, me li hev kir an na?"

Pinokyo, ji ber van gotinên zilêm mahdê xwe tirş kiribû:

"A rast ne li benda bazariyeke werê bûm. Ma ez kerim xwe bidim ber erebokê?"

Komirvan got, "Tu bi qîma xwe. Lê heger bera jî zikê te birçî be, tu yê dev ji wê quretiya xwe ya pûç berdî û zikê xwe têr bikî. Lê baldar be, bila mîdeya te neêşe ha."

Pinokyo, bîskek bi şûn de leqayî hosteyekî dîwaran hat ku xirarek kirêc li ser pişta wî bû.

Pinokyo, ber bi wî ve çû û got:

"Apo, zikê min pir birçî ye. Tu yê karibî pênc qurişan bidî min?"

Hosteyê dîwaran got, "Ser çava. Lê heger tu bi serê vî xirarî bigirî û aliyê min bikî, ez ê bîst qurişî bidim te."

Pinokyo got:

"Ma ez ê vî barê giran çawa hilgirim? Naxwazim bibetilim."

Zilam got:

"Biner lawê min, heya tu nebetilî zikê te têr nabe. Nebî nebî tu vê şîreta min jibîr bikî."

Di nîv saetê de ji bîst kesên di wir re çûbûn û hatibûn, pars kiribû. Lê belê te digot qey her bîst kes jî ya xwe kiribûn yek û jê re gotibûn beramberî kar û kedê wê pereyan bidinê.

Bi kurt û kurmancî, şîret lê kiribûn: "Ji dêvla ku li kuçe û kolanan betal betal bigerî û parsê bikî, here ji xwe re karekî bibîne û heqê nanê xwe bi dest bixe."

Herî dawî leqayî xaltîkekê hat ku du cêrên avê hilgirtibûn.

Pinokyo bang li wê kir:

"Xaltî, xaltî... Pir tî bûme, gelo dikarim gulpek ava cêra te vexwim?"

Xaltîkê got, "Were lawê min."

Pinokyo, wexta ku têrka dilê xwe av vexwar û dora devê xwe paqij kir, got:

"Ox, min tîna xwe şikand. Bi ser de jî min zikê xwe têr bikira... Hindik maye ji nêza bimirim."

"Heger tu ji van cêran yekî hilgirî û bînî malê, ez ê keriyek nên bidim te."

Pinokyo geh li jinê nerî geh jî li cêrê, lê tiştek negot.

"Li cem nan, têfikek jî seleteya kelerimê? Çawa ye, bû?"

Pinokyo, careke din li cêrê nerî, lê cardin deng ji xwe neanî.

"Piştî kelerimê jî ez ê çîkoleteyek bişîr bidim te..."

Wexta Pinokyo navê çîkoleteyê bihîst, ji kêfa qîriya:

"Temam, ez ê cêra te hilgirim û bibim malê."

Cêr jî giran bû. Pinokyo, dît werê nabe, rabû cêr danî ser serê xwe. Wexta gihaşt malê, xaltîka dilpak Pinokyo, bir ber sifreya hazir. Wekî ku jinikê gotibû, li ser sifreyê keriyek nên, têfikek seleteya kelerimê û pakêtek qerase ya çîkolateyan hebû. Pinokyo, sekin lê tune bû, wekî hûrmezinan dixwar. Her ku dixwar hîn bêtir birçî dibû. Piştî ku zewadên li ser sifreyê gişan xwar û tiştek nehişt, serê xwe rakir xwest malavayiya jinikê bike. Bi baldan li vê jinika dilpak nerî, hey nerî. Mat ma sekinî. Got, "Aaaa, ez dibêjim qey tu ewkê yî..."

Jina dilpak, bi xemgînî bişirî:

"Lawê min tu çima werê mat ma sekinî?"

"Ax, ma meriv ev qasî dişibe hev du. Tu, tu hingî dişibî wê... Xwedêyo, ma qey tu ew î? Ev deng, dengê wê ye. Ev çav, çavên wê ne. Ev por, porê wê ye. Belê, belê, ev porê şipşîn, porê wê yê ezmanî ye... Ax, periya min a xweşik, periya xembar a daristana dilşewat!.. Ew, a ku niha li ber min tu wî, ne werê? Tenê Xwedayê min û ez dizanim bê bêyî te çi qasî êşiyam. Em ê careke din ji hev neqetin, ne werê..."

Wexta Pinokyo ev tişt digotin, xurmîna hêsiran bûn ji çavan dibariyan. Li ber jinika dilpak li erdê rûnişt, werê ma sekinî.

24
JI KÛKLETIYÊ BER BI MIROVBÛNÊ VE

Periya Qenciyê ya daristanên dilşewat, pêşî xwestibû nasnameya xwe ji Pinokyo veşêre. Lê belê ji ber wê liv û tevgera jidil a Pinokyo, pêwistî bi domandina vê lîstikê nedît.

Got, "Ax, nehsê nehs. Hela bêje, te çawa ez nas kirim?"

"Ma tu nebûyî xwişka min? Ew roj baş tê bîra min."

Periyê bi xemgînî keniya got, "Belê, belê. Wê rojê ez xwişka te bûm, lê va tu dibînî ez bûme xaltîkeke extiyar."

Pinokyo bi dilxweşî li çepikan xist û got, "Ox, çi qas xweş... Ji niha pê de ez ê jî ji te re bibêjim dayê. Jixwe ji kengî ve ye bîrî û hesreta dê xwe li dilê min girtiye. Min tim digot, 'Xwezî dêyek min jî hebûna.' Lê biner, va xwesteka min pêk hat, wexta leqayî te hatim... Lê tiştekî meraq dikim: Tu, xiwşka min a biçûçik, çi bû ku werê ji nişka ve mezin û extiyar bûyî? Ji kerema xwe tu dikarî bibêjî?"

Periya Qenciyê, tiliya xwe ya nîşanê danî ser her du lêvên xwe, hêdîka kir pistînî:

"Ev, meseleyeke nehênî ye."

"Ji kerema xwe vê nihêniyê ji min re jî bibêje. Ez jî dixwazim zûzûka mezin bibim. Ji ber vê qama xwe ya hûrik pir fedî dikim."

Periya Qenciyê got, "Tu mezin nabî! Çikû..."

"Belê, çikû?"

"Çikû kûkle mezin nabin. Wexta çêdibin kûkle ne û wexta dimirin jî kûkle ne."

"Off! Ji ber kûklebûyînê bêzar bûme. Ez jî dixwazim wekî zarokên din bi ruh û can bibim û mezin bibim. Lê min zanibûya çawa dibe..."

Periya Qenciyê got, "Pir rihet e. Ewilî divê tu bibî zarokekî qenc."

"Çima? Ma qey ez ne zarokekî qenc im?"

"Helbet tu ne qenc î... Zarokên qenc guh li merivan dikin, diçin dibistanê, li dersên xwe dişixulin. Hela bêje, ji van tişta te kîjan jê kiriye?"

"Tu rast dibêjî. Min qet guh li mirovan nekiriye. Ji dibistanê reviyam. Min ji tiralî û nehsiyê hez kir. Çi hat bîra min, min kir. Lê ji niha pê de ez ê jî bibim zarokekî qenc. Soz didim te."

"Soz?"

"Belê, ez ê bibim zarokekî biaqil û guh li mirovan bikim."

"Aferim Pinokyo. Lê biner tu ketî çavê min. Ez te pîroz dikim."

"Ez pir ketime tatêla bavê xwe. Gelo haya te jê heye?"

"Nizanim..."

Pinokyo, pir li ber vê bersiva neyînî ya Periya Qenciyê ketibû. Bi dilkeserî careke din pirsî:

"Gelo ez ê karibim careke din bavê xwe bibînim? Min werê bîriya bavê xwe yê topikî kiriye, werê..."

Periya Qenciyê got, "Hêvîdar im tu yê wî bibînî Pinokyo!"

Ev bersiv, dilê Pinokyo pir xweş kiribû. Bi piltepilt axivî û ji kêfa destê Periya Qenciyê maçî kir. Te digot qey hişê xwe xwariye.

Werê bi dilgermî li dêya xwe nerî û qîriya:

"Dayê, dêmek tu nemiriyî ha? Aha va ye tu dijî!"

"Biçûkê min, hema tu çawa bixwazî bila werê be."

"Wexta min nivîsa li ser wan kevirên spî xwend, werê giriyam, werê giraym..."

"Ez dizanim tu giriyayî. Jixwe ji ber vê min te bexşand... Zarokekî dilpak, nehs be jî, axirê wê were ser rêya rast. Ma ez ji bo çi hatim heya van deran? Sirf ji bo te bibînim û wekî ewladê xwe li te miqate bim. Nizam tu bi ber ketî?"

Pinokyo, ji kêfa dest bi neqarata:

"Ox tral-lal-la, tral-lal-la" kir û li cihê xwe nedisekinî.

"Ji niha pê de tu yê biaqil bî û guh li merivan bikî, temam?"

"Temam dayê! Ez ê bibim zarokekî biaqil. Soz didim."

"Sibê, tu yê dest bi dibistanê bikî."

Van gotinên Periya Qenciyê wê bişirîna li ser lêvên Pinokyo qerisand. Kêfa wî şikiya.

"Her wiha piştî dibistanê jî tu yê ji xwe re karekî peyda bikî."

Pinokyo, mahdê xwe tirş kir û kir mizemiz.

Periya Qenciyê pê de xeyidî:

"Ev çi mizemiza te ye?"

"Ez dibêjim, umrê min boriye, ne yê dibistanê ye..."

"Lawê min, nebî nebî tu vê rastiyê jibîr bikî: Umrê hobûnê niye."

"Temam hadê em bibêjin ez çûm dibistanê; lê ez naxwazim di karekî de bişixulim. Ez hez ji şixulê nakim."

Periya Qenciyê ji kûr de got, "Lawê min. Dawiya kesên werê difikirin, ne xêr e. Dixwazî hejar be, dixwazî zengîn be, li vê cîhanê tu mecbûrî bişixulî. Kesekî betal wetal, tim tiştên xirab difikire. Çikû hay û baya wî tim li ser şeytaniyan û nehsiyan e. Heger em di umrekî biçûk de zarokan ji vê belaya tiraliyê xelas nekin, axirê em ê leqayî karesatên civakî bên. Kesekî ku neşixule, wexta extiyar bibe cihê wî bendîxane ne."

Pinokyo, piştî ku baş guh li şîretên Periya Qenciyê kir, dêya xwe hemêz kir:

"Temam dayê. Ez ê biçim dibistanê û ez ê ji xwe re karekî jî peyda bikim. Ez ê bibim mirov, ji bo bibim mirovekî bera, ez ê bişixulim. Êdî ji kûkletiyê adis bûme. Lê tu yê jî barê min sivik bikî..."

Periya Qenciyê, bi wan tiliyên xwe yên wekî perîkekê sivik serê kurê xwe mist da û got:

"Ez ê jî aliyê te bikim. Lê nebî nebî jibîr neke, bidestxistina vê di dest te de ye."

25
PINOKYO DIÇE DIBISTANÊ

A din a rojê, Pinokyo dest bi dibistana gund kir. Wexta zarokan dît kûkleyek hatiye dibistanê, dest bi heyteholê kirin. Ji bo zarokên ku li derdora Pinokyo kom bûn, kêf û şahî dest pê kiribû. Hinan jê kumikê li serê Pinokyo dikişand û davêt erdê, hinan jê jî ji paş ve çakêtên wî dikişandin. Zarokê bi navê Balika jî bi pênûsê bihibr li ser lêvên hevalê xwe simbêlek mezin xêz dikir. Yek jê hebû, ji edet derxistibû; xwestibû benik li dest û nigên Pinokyo girêbide û pê bilîze.

Pinokyo, ewilî ji ber vê heyteholê deng ji xwe neanîbû, lê dû re xwe adis kir û ji nişka ve got:

"Hey, hela li min mêze bikin! Ez ji bo bibim pêlîstoka we nehatime vê derê. Ez bi rêzgirî nêzî we dibim, nexwe divê hûn jî bi heman awayî nêz bibin. Ev, heqê min e jî. We got, erê?"

Wexta zarokan vê heytehol û nehsiya xwe didomandin, di ber re jî digotin:

"Ev kundir rast dibêje. Aferim ji te re, tu eynî wekî pirtûkan diaxifî."

Mavropiyê ku ji gişan nahstir bû, wexta xwest pozê Pinokyo yê ku ji hêrsa soromoro bûbû bikişîne, Pinokyo di bin textebendê re bi hêla pehînek lê xist.

Mavropiyo kir lûbelûb, "Ayyy... Haho, nigên wî çi qas hişk in..."

Pinokyo, nesekinî. Vê carê jî enîşka xwe li nava yekî din xist.

Zarokê nehs got, "Erikkk! Enîşka wî ji pehîna wî xerabtir e..."

Piştî ku zarokan dît wê nikaribin zora Pinokyo bibin, ji bêgavî bi rêzdarî nêzî wî bûn. Pinokyo, di wextekî kurt de bû xwendekarê herî şîrîn ên dibistanê. Ji ber ku jêhatî û jîr bû, kêfa mamosteyê wî jî jê re dihat. Lê belê qisûrek wî hebû. Mamoste çend caran ew hişyar kiribû gotibû, "Pinokyo, bi hevalên xirab re neaxife! Lawê min heta ji te tê nêzî kesên werê nebe." Periya Qenciyê jî di pend û şîretên xwe de ne kêmî mamoste bû. Lê ev pend û şîret li vî guhê Pinokyo diketin, di yê din re derdiketin.

Rojek ji rojan Pinokyo cardin berê xwe dabû dibistanê. Lê di rê de leqayî hevalekî xwe yê xirab hat.

Hevalê xirab got, "Te bihîst ne werê? Tiştekî ecêb qewimiye..."

Pinokyoyê dilsaf got, "Naa, ma çi bûye?"

"Masîvanan semasiyek qerase zevt kirine û ew anîne peravê."

Ji nişka ve kelecanekê xwe li Pinokyo girt û qîriya:

"Hahoo! Ma ne cinawirê kalafat be? Wê roja ku bavê min di behrê de fetisîbû, hatibû dîtin."

Zarokê nehs got, "Nizanim. Lê heger tu bixwazî tu jî dikarî bi me re bêyî."

"Na, ez ê biçim dibistanê."

"De tu jî looo. Tu dibê qey ê dibistan bireve, aha wa li wê ye. Ma tu îro nerî yê çi bibe?"

"Îja ez ê dû re ji mamoste re bibêm çi?"

"Ê ji ku hayê mamoste jê çêbibe? Rebena, hingî berê xwe didin zarokan, dimirin. Em neçin, qet nebe wê hinekî bêhna xwe bidin."

"Îja dêya min, ez ê jê re bibêm çi?"

"Tu nebêjî, ma yê ji ku zanibe?"

"Masî li ku ye? Pir li dûra ye?"

"Çûn hatin saetek e. Saetek jî li wir... Kêm zêde bi qasî du saetan."

"Nexwe hadê em bazbidin."

Ketin pêşbaziyekê. Bi bazdan berê xwe dan aliyê semasî. Lê rebenê Pinokyo, nizanibû ber bi felaketeke çawa ve bazdide. Ji bo xwe bigihîne hevalên xwe yên nehs, bi wê qambihostikiya xwe hema bazdida.

26
PINOKYO, CARDIN TÊ GIRTIN

Wexta Pinokyo û hevalên xwe gihaştin kersaxê, zarokên nehs ên dibistanê hemû li wir bûn. Lê semasî tune bû. Pinokyo ji yekî ji wan pirsî:

"Ka semasî li ku ye?"

Yek ji wan keniya got:

"Belkî zikê wî birçî bûbe û çûbe xwarinê bixwe."

Yekî din, hîn bêtir nepixand, diranê xwe qîç kirin û got:

"Na la! Ma we gava din nedît çawa honijî? Belkî jî çavê xwe germ dike, li nav nivîna xwe ya behrî..."

Wexta Pinokyo ji van xeberdanên eletewş tê derxist ku hevalên wî henekê xwe pê dikin, adis bû. Berbayî derewên wan ketibû û hatibû heta van deran. Îja Pinokyoyê me yê reben nizanibû li ber dibistana xwe, li ber mamosteyê xwe yan jî li ber Periya Qenc bikeve?

Destê xwe li devê xwe xistin û qîriya:

"Bi vê derew û çîrvanoka semasî, çi bi dest we ket, he? Ji kerema xwe ka bibêjin, çi bi dest we ket?"

"Hey sertextik qey hê te fam nekiriye? Ji bo tu neçî dibistanê me derew li te kirin. Ma ne eyb û fedî ye! Ma meriv her roj dere dibistanê? Tu yê kengî dev ji vê hemaliyê berdî, he?"

"Ez dişixulim, ji we re çi?"

"Hela lê binerin! Hîn jî xwe li xamiyê datîne. Çawa ji me re çi? Ma seba te her roj mamoste berê xwe nade me?"

"Çi, min fam nekir..."

"Xwendekarên wekî te jêhatî, bela serê zarokên wekî me nehs e. Seba te mamoste me biçûk dixe. Ma nabe tu pir neşixulî, he?"

"Ji bo li xweşa we biçe, ma divê çi bikim?"

"Neşixule hevalo neşixule! Lê biner, nebî nebî ji aqilê xwe derxî! Ji bo me sê tiştên talûke hene: Dibistan, ders û mamoste. Tu jî wekî me dev ji van tiştan berde..."

"Em ferz bikin dilê min û şixulê hebe, em ferz bikin ez ji dibistana xwe, ji mamosteyê xwe hez dikim?"

"Haaa, nexwe wê çaxê berê meselê dikeve cihekî din. Em ê hew hevaltiya te bikin. Û em ê di firsenda ewil de jî heyfa vê hilînin..."

Pinokyoyê ku xistibû serê xwe wê bibe mirov, got:

"Xwirîka min neyne, min nekenîn!"

Serekê wan, li ser serê Pinokyo sekinî û wekî dîkan nepixî, bi qîrîn got:

"Guhê xwe pak berev bike! Vê tişta tu dikî, qaqibokirin e... Em jî ji te natirsin. Lê tu dizanî, em heft kes in. Jibîr neke, em heft caran li te ne."

Pinokyo, bideng kir hîqehîq:

"Oxweş! Heft û heft, pisîka dûveteht..."

Serekê wan qîriya, got:

"We bihîst ne, dibêje çi? Heqaret li me kir. Ku dera me pisîk e? Li gotina xwe poşman bibe."

Pinokyo, destê xwe bir ber pozê xwe, bi tilîkên xwe henekê xwe bi wan kir. Hîqehîqa wî bû.

"Pinokyo, li gotina xwe poşman bibe. Ya na em ê di bêvila te re bînin..."

Pinokyo cardin bi tiliyên xwe yên li ber pozê xwe henekê xwe bi wan kir. Bi ser de jî kir hîqehîq.

"Em ê lêxistinek werê li te bikin, heya tu bibêjî tobe..."

Lê ne xema Pinokyo bû, hema dikeniya û bi tiliyên xwe henekê xwe bi wan dikir.

Serekê wan, êrîş bir ser Pinokyo û qîriya:

"Niha ez ê henekan rê te bidim!"

Her heft zarokên nehs têrka dilê Pinokyo lêxistin. Bi kulm û pehînan serobero lêdixistin. Lê belê Pinokyo bi tena serê xwe wekî şêran bi her heft kesan re şer kir. Bi pehînên nigên xwe yên textikî, zarok çavtirsandî kiribûn. Gava dîtin ku wê Pinokyo yeko yeko ji derheqê wan derkeve, vê carê rabûn ji dûr ve kevir avêtinê. Her heft qafadar ji nişka ve li hev kirin û bela bûn. Kevir, lênûsk, pirtûk û pênûsên di çenteyên xwe de yeko yeko avêtin Pinokyo.

Lê belê kûkle bi hosteyî ji derheqê van êrîşan derdiket. Wexta zarokan dît tiştek di çenteyên wan de nemaye, vê carê dest avêtin çenteyê Pinokyo û vekirin. Ji şerûdan yekî jê pirtûkeke stûr ji çente derxist û heta jê hebû çeng kir. Lê ji dêvla ku pirtûk li ser Pinokyo bikeve, çû li ser şerûdekî ket.

Zarok di cî de got:

"Ay yadê!" û got teppp ket erdê.

Zarokên şerûd gotin qey hevalê wan miriye, lewma ji tirsa zûzûka ji wir çûn.

Pinokyo jî hem tirsiyabû hem jî pir li ber ketibû. Wekî bibêje min çi xwelî li serê xwe kir, bi kulman li serê xwe xist.

Bîskek bi şûn de cendirme hatibûn cihê şer.

Cendirmeyê werê xuya bû fermandar e, ji Pinokyo pirsî:

"Çi bûye?"

"Hevalê min birîndar bûye, aliyê wî dikim."

Heman mamê cendirme xwe bi ser zarok de xwar kir û lê nerî:

"Birîna serê vî zarokî pir xedar e. Kî werê kir?"

Pinokyo, hîn bêtir tirsiya, devê wî li hev ket û got:

"Min... m-i-n we-rê ne-kiriye."

"Madem te werê nekiriye, nexwe ka kevir an jî darê li serê wî ketiye?"

"Mamê cendirme, bi kevir û dar birîndar nebûye. Aha bi vê pirtûka giran werê lê hat."

"Ev pirtûka kê ye?"

"A min e mamê cendirme."

"Wer vir nehsê nehs! Hem tu dibêjî min nekiriye, hem jî tu dibêjî pirtûk a min e... Ma wer dibe..."

Cendirmeyan destê xwe ji kelekeke masîvanan a li nêzî peravê re li ba kirin û ew dan sekinandin û gotin:

"Serê vî kurikî şikiyaye. Wî bi keleka xwe bibe mala wî. Em ê dû re pê re eleqedar bibin."

Piştî ku cendirmeyan zarok li kelekê siwar kirin û ew ber bi malê ve şandin, fermandar li pêş û Pinokyo jî di nav lepê her du cendirmeyên din de ber bi gund ve meşiyan. Gava hat bîra Pinokyo ku wê di nava gund de, di ber malan re biçin, hîn bêtir xemgîn bû. Gava dêya wî çav bi wî biketa, wê çi bigota? Çokên wî direhilîn, hindik mabû kezeba wî di devê wî re bavêje, pirîna wî bû.

Hindik mabûn bigihiştana rêya gund. Lê ji nişka ve bayek dest pê kir. Ba, şewqeya Pinokyo firand. Pinokyo, bitelaş got:

"Mamê cendirme, ka bihêle ez biçim şewqeya xwe bînim."

"Here, lê xwe zêde eware nekî ha."

Pinokyo, çû rahişt şewqeya xwe. Ji dêvla ku bide serê xwe, xist nav diranên xwe û bi şid dev lê kir. Ji nişka ve wekî tîrekê xwe li nav cendirmeyan xist û ber bi behrê ve beziya. Cendirme, mat man sekinî. Pinokyo li nav kuçeyên qelebalix dibeziya, sê cendirme jî ji bo wî zevt bikin didan dû. Gava her sêyan fêm kir dê nikarin Pinokyo zevt bikin, vê carê Xoşxoşê lezok ê qereqolê bera dû wî dan.

Ev bir ji bo gundiyan jî bûbû cihê şahîneteke. Pinokyo li pêş, Xoşxoş jî li dû wî, toz û duxan bi ser serê xwe de radikirin û direviyan.

27
HINDIK MABÛ PINOKYO WEKÎ MASIYEKÎ BIHATA SORKIRIN

Di navbera Pinokyo û kûçik de pêşbaziyeke xedar dest pê kiribû. Car carinan gava kûçik nêzî wî dibû û hewl dida xwe bavêje dawa wî, Pinokyo helkehelka wî li nav paşstuyê xwe hîs dikir.

Di dilê xwe de got, "Hema bigihêm vê kersaxê, temam e." Bîskek bi şûn de gihaşt kersaxê. Gava li ser îskeleya textikî bazdida rewqreqa nigên wî yên textikî bû; teq teq teq... Wexta gihaşt serê îskeleyê, wekî beqekê xwe çeng kir nav behrê. Ji ber ku ji nişka ve xwe bera nav behrê da, bû pilqîna avê. Kûçik jî hingî zû dibeziya nikaribû xwe bigire û got teppp ket nava vê. Em dibêjin ket. Erê, bera jî kûçik bi avjenî nizanibû. Xoşxoş ji bo noqî bin avê nebe, diperpitî. Her ku diperpitî hîn bêtir noq dibû. Ometek av ketibû nava wî. Kûçik bitirs kir ewtînî:

"Hawarê, fetisîm!

Dilê Pinokyo bi kûçik şewitî û got:

"Xoşxoş, bise, ez ê te xelas bikim. Bise."

"Difetisim, birakê Pinokyo, difetisim. Ecele, dadê ecele bike."

"Bêje soz, wexta te xelas bikim tu yê hew bidî dû min."

"Soz didim, tu bi Xwedî kî ecele bike!"

Pinokyo hinekî fikirî. Ji kûçik ditirsiya. Gotina bavê wî hat bîra wî: "Qenciyê bi her kesî bike, nebî nebî xirabiyê bikî. Çikû tu zirara qenciyê nagihê te."

Pinokyo, du caran çeplên xwe li avê xistin û nêzî kûçik bû. Destê xwe avêt toqa wî û wî li dû xwe bi xwe ber bi kersaxê ve kişand. Kûçikê reben. Av pir çûbû nava wî. Nikaribû biaxifiya. Wexta Pinokyo ji cem wî çû, ji Xoşxoş re got:

"Derbasî be. Hadê bi xatirê te."

Xoşxoşê reben, werê melûl melûl û birûkenî li rizgarkerê xwe nerî:

"Oxir be Pinokyoyê hêja. Ji ber ku te ez xelas kirim, spas dikim. Rêya te vekirîbe. Dil dixwest ez jî qenciyekê bikim. Lê wexta tu tengav bibî, were cem min."

Pinokyo, xwe li nav behrê xist sobeberî kir, hey kir.

Pinokyo serê xwe rakir û li zinarên mezin nerî. Li serê gir, ji qulikeke wekî şikeftan duxan hil dibû. Xwe bi xwe got, "Miheqeq di wê şikeftê de hin kes hene. Li bine agir vêxistine. Oxxx... Ez ê xwe germ bikim û bi xwe ve bêm." Bi sobeberî çû ber zinaran. Aha wê kêliyê tiştekî ecêb qewimî. Di bin avê de tiştek hebû û ber bi wî ve dihat. Mat ma sekinî. Her diçû dor lê teng dibû. Xwest bireve, lê nikaribû. Ketibû nav toreke masiyan. Di nav torê de celeb bi celeb masiyên hûr û girs diperpitîn. Lê di wê kêliyê de kesekî çepel û lewitî ji şikeftê derket. Bi çermê xwe yê keskoyî ji masîvanekî bêtir dişibiya cinawirekî behrê. Tora masiyan ji nav behrê ber bi kersaxê ve kişand.

Zilam xwe bi xwe got, "Îro gelek masî ketine torê. Şikir ji xwedê re, ez ê îro têra xwe masiyan bixwim."

Pinokyo jî di dilê xwe de şikir kir ji Xwedê re û got, "Axirê ez ne masî me, yan na wê ev zilam min jî bixwara."

Zilam, bi zorê tora tije masî kişand hundirê şikeftê.

Lepê xwe yê qerase xist nav torê û kulmek barbûna derxist. Bi dilxweşî qîriya:

"Hela tu li van gul û çîçekên behrê mêze, hela tu li van gulan..."

Dev ji barbûnyayan berda, vê carê berê xwe da zîperdasiyan:

"Hela tu li van zîperdasiyan mêze, ev çi guline werê şînik in gidî..."

"Lufer, masîwurk, lewrek, Xwedêyo ev çi bereket e!"

Her cara ku zilam destê xwe di nav torê re radikir ji kêfa hindik mabû dîn bibe. Nedisekinî, xwe çend dikir vî alî û wî aliyî.

Zilam herî dawî Pinokyo ji nav tora masiyan derxist. Çavên wî yên beloqî zoq vebûn, bi tirs li Pinokyo nerî. Heya niha masiyek bi vî rengî qet nedîtibû.

"Ev çi masî ye? Xwedêyo! Tu gelek nahmetan didî evdên xwe, lê em dîsa nankoriyê dikin. Hebe tune be ev celebek pavûryayan e..."

Kela Pinokyo rabûbû. Bi qîrîn got:

"Pavûryayê çi ehmeq, ez kûkle me. Ma ku dera min dişibe kevjalê?

Masîvan, yeqîniya xwe pê anîbû ku ev pavûrya ye û wî jî bi qîrîn got:

"Oyyy! Nexwe ev pavûryayekî bi celebe kûkleyan e... Tişt nabe. Ha pavûryayê kûkleyî, ha kûkleyê pavûryayî, ma çi ferq dike! Hela ka te bikemitînim, ez ê te bi derbekê bixwim..."

Pinokyo nizanibû xwe pê adis bike yan bitirse an jî

xwe bavêje dexla wî. Dudilî bû:

"Çima tu fêm nakî lo, ez ne masî, ne jî kevjal... Ez jî eynî wekî te mirov im. Lê biner, va diaxifim, qafê min jî wekî yê te dişixule. Ma wekî din delîl divê?"

Masîvan got, "Rast e wile. Tu rast dibêjî. Meriv tê derdixe, tu masiyekî biziman û jîr î. Lewma ez ê jî bi hawayekî din nêzî te bibim. Gelo ez te têxim firinê an te sor bikim? Hê min biryar lê nedaye. Lê ez te têxim firinê, te sor bikim û bikemitînim jî, cardin gere bi-baldan nêzî te bibim."

"Min fam nekir?"

Masîvan got:

"Ka bise ji te re ta bi derziyê vekim. Tu dehbeyekî behrê yê biziman î û difikirî. Em bûn dostên hev jî. Lewma gere ez bi hawayekî din nêzî te bibim. Ka bêje, ez te bi çi awayî bibirêjim? Te di miqilkê de sor bikim yan na te bi ava bacana û firingîyan di firinê de sor bikim? Ji bo tiştên bixwim tiraliyê nakim. Hadê ka bêje, xwe adis neke. Tu bi çi hawî dixwazî, he?"

Pinokyo got:

"Te pirsî, ka ez jî bibersivînim: Ruhê min ji hemû celebên pijandinê diçe. Min berde, ez biçim. Ji te, tenê doza azadiya xwe dikim."

Zilam got:

"Henekê xwe bi min neke! Bi salan e masîvaniyê dikim, cara ewil e min masiyek bi vî rengî zevt kiriye. A rast naxwazim ev keys ji dest min biçe... Hadê ka bêje, te di miqilkê de sor bikim? Belkî jî tu dixwazî tevî hevalên xwe bê sorkirin... Wexta tu çav bi wan bikevî, qet nebe tu yê bidî ber dilê xwe..."

Wexta Pinokyo fêm kir masîvan ji ya xwe danayê û wê wî bixwe, got kûr û giriya. Zilam ji kirt û nîva xwe nedihat xwarê. Carekê biryar lê dabû.

Pinokyo digot, "Ax, min çi xwelî li serê xwe kir û berbayî gotina hevalên xwe yên xirab ketim û ji dibistanê reviyam! A ji te re! De îja bila masîvanekî serhişk te di miqilkê de bixwe!.."

Ji bo ji nav lepê masîvan bireve, li ber xwe dida. Te digot qey bûye marmasî. Lê bêfêde bû. Zilam bi zilên li wir dest û pêyên Pinokyo hişka girêda û ew avêt cem masiyên din. Masiyan di nav arvanê di firaqeke textikî de da û ew li ser dezgehê li kêleka hev rêz kirin. Pêşî luferan, dû re barbunya, çînekop... di nav arvan de birin û anîn. Dor hatibû Pinokyo. Ji aliyekî ve miqilka li ser êgir û tê de qiçeqiça rûn... Li aliyê din jî masî û Pinokyoyê reben... Pinokyoyê ku ev qas tişt hatibûn sera, ji ber ku mirin pir nêzîkî wî bûbû, pir ditirsiya. Tepetepa wî bû, direhilî. Dixwest xwe bavêje dexlê masîvan, lê belê dev û diranên wî hatibûn girtin. Tenê bi çavan, belê çavên wî xwe diavêtin dexlê wî... Lê belê ne xema masîvanên awirkeskoyî bû... Piştî ku Pinokyoyê di nav wan lepên xwe yên qerase de, di nav arvan de bir û anî, tam ê têxista miqilka li ser êgir sincirîbû...

28
ZIYAFETA JI BO ŞEREFA PINOKYO

Masîvan tam ê Pinokyo têxista miqilkê, di wê navê de kûçikekî qerase ku bêhna masiyên di miqilkê de sor dibûn kiribû xwe bera hundirê şikeftê da.

Zilam, tevî kûkleyê arvankirî mat ma sekinî. Wexta çav bi mêvanê xwe yê diranqîç ketibû, şaş mabû. Dû re xwe adis kir, hêrs bû: "Hoşt! Bicehim here vir! Hoşt! Kûçikê heram!"

Lê kûçikê ku ji ber bêhna masiyan hîn bêtir birçî bûbû, wekî ku bibêje "Ji kerema xwe çenikekî bi min de jî" teriya xwe dihejand.

Masîvan bi ser de qîriya "Min ji te re got bicehim!" û pehînek avêtê.

Kûçik, vê carê diranên xwe nîşan dan û dengine wekî "xir, xir..." jê derketin. Eyan bû ku diranên xwe çîq dikirin.

Aha di wê navê de, dengekî ziravik, pir ziravik ji nav şikeftê hat:

"Xoşxşo min xelas bike, tu bi Xwed bikî min xelas bike."

Kûçik, di cî de ev deng nas kir. Deng ji Pinokyoyê arvankî dihat.

Wê kêliyê birçîbûn mirçîbûn ji bîra Xoşxoş çûbû. Wexta ewil çav bi vî tebayê arvankirî ketibû pê dernexistibû ku Pinokyo ye. Piştî pê hesiya Pinokyo ye, hema ji nişka ve wî ji nav lepên masîvan xelas kir. Bi çi awayî? Helbet bi diranên xwe. Lê bêyî ku canê wî biêşîne...

Masîvan, pir adis bûbû, ji ber ku masiyek bi vî rengî ji dest çûye. Da dû... Lê xwe negihandê.

Pinokyoyê ku di nav diranên Xoşxoş de dihejiya, hema hema ji mirinê filitîbû. Wexta gihaştin serê rêya gund, Xoşxoş hêdîka Pinokyo danî erdê.

Pinokyo got, "Te ez xelas kirim, ez deyndarê te me. Spas dikim."

Xoşxoş got, "Qet ne xem e. Pêşî te ez xelas kirim. Niha jî min tu xilaskirî. Temam, îja em ji hev safî bûn."

Piştî bi dost û hevalbendî bi destê hev girtin, Xoşxoş û Pinokyo, her du jî bi rêya xwe de çûn. Xoşxoş çû ser karê xwe yê li qereqolê. Pinokyo jî çû qulûbeka çend gav li wêde.

Pinokyo ji zilamekî ku xwe li ber derî xwe dabû ber berberojkê got:

"Apo, tu qet leqayî zarokekî serbirîndar hatî?"

Zilam got, "Ha, belê. Masîvanan zarokekî werê anîn vê derê, lê..."

"Qey mir?"

"Na, zarok sax e. Hem jî spîsax e. Bîskek berê çû malê."

"Apo, tu bera dibêjî ne, birîna wî ne xedar e, ne werê?"

"Dibû ku birîna wî xedar bûna, dibû ku bimirana! Rebeno, pirtûkeke qalind avêtine serê wî."

"Kî pirtûk avêtiye serê wî?"

"Nahsekî bi navê Pinokyo."

Kûkle, xwe li nezaniyê danî û pirsî:

"Pinokyo tebayekî çawa ye?"

"Ma ne min got, nehsekî dera hanê ye. Hevalê wan ê dibistanê bûye."

Pinokyo hew îdare kir û bi qîrîn got:

"Ev derew in, ev bêbextî ne! Na, mesele ne werê ye."

"Ma tu Pinokyo nas dikî?"

Pinokyo, cardin xwe li nezaniyê danî û ji bêgavî derew kir:

"Pir nas nakim, lê zarokekî qenc e. Ne wekî ku tu dibêjî nahs û tiral e. Zarokekî biaqil e. Werê dibêjin."

Wexta kûkle ev derew kirin, destê xwe hêdîka bir ber pozê xwe. Ferq kir ku pozê wî ji bihostekê zêdetir mezin bûye.

Bi telaş qîriya û got, "Na apo, na! Nebî nebî tu ji gotinên min yeqîn bikî. Ew, yekî tiral, yekî nehs e. Ji dêvla here dibistanê, dere bi zarokên nehs re hevaltiyê dike."

Çawa werê got, pozê wî cardin bû wekî berê.

Zilamê extiyar pirsî:

"Ev çi halê te ye, wekî tu di nav arvan de gevizîbî?"

"Ewk apo, min xwe di dîwarekî de da, lê min nizanibû kirêckirî ye..."

"Îja saqo û pantorên te li ku ne? Kumikê te jî ne di serê te de ye!"

"Dizan pêşiya min birî. Ez şilfîtazî kirim û beradam. Apo, ma qerpal merpalek te tune ye, ji bo li xwe bikim?"

"Lawê min ez yekî pir hejar im. Heger ev çewalê pînekirî bi kêrî te bê, rahêlê."

Pinokyo, binî çewal û her du kêlekên wî qul kir. Wekî îşligekî li xwe kir û bi rê ket. Wexta dimeşiya, nigên wî paş de diçûn. Xwe bi xwe digot, "Ez ê çawa bi vî qerpal merpalî biçim cem dayika xwe ya Periya Qenciyê? Axirê gihaşt malê. Li derî xist:

Dengê ji hundiro got, "Kî ye?"

"Perî li malê ye?"

"Perî niha di xew de ye. Tu kî yî?"

"Ez? Ez... Ez... Pinokyo me."

"Kîjan Pinokyo?"

"Pinokyo, Pinokyoyê li cem Periya Qenciyê dimîne."

Seriyek di paceya qata dudoyan de xuya bû. Pinokyo, ew di cî de nas kir. Ji ber ku wekî qepûşkan dimeşiya jê re digotin Qepûşkê.

Gava Qepûşkê çav bi Pinokyo ket, got:

"Ha, tu yî? Bise va têm."

Ez bibêjim saetel, tu bibêje du saet derbas bûn. Lê wexta Pinokyo dît derî nayê vekirin, kela wî rabû:

"Xwişka Qepûşkê. De hadê, ji kerema xwe derî veke."

"Aaa, sebir bike lawê min! Qepûşk ji ecelebûnê hez nakin. Hîn qatek din jî maye. Hebikekî din jî sebir bike."

Şev bû nîvê şevê. Hîn jî derî venebûbû. Serê sibehê gava rojê avêt Xwişka Qepûşkê hê nû hat, derî vekir û Pinokyo xist hundir.

Pinokyo got, "Xwişka Qepûşkê ji nêza mirim, bi xêra xwe tu dikarî tiştekî xwarinê bînî?"

"Bise, ez ê bînim."

Xwişka Qepûşkê bera jî hin tişt miştên xwarinê anîn, lê tam sê saet bi şûn de anîn... Li ser sifreya zîvîn a ku dabû ser serê xwe nan, mirîşkeke biraştî û çar heb qeysiyên mezin hebûn.

Xwişka Qepûşkê got:

"Periya Qenciyê jî niha şiyar bû. Ev tişt ji te re şandin."

Pinokyo, pêşî xwest li tahma tiştên li ser sifreyê binere. Lê tiştên li ser sifreyê ne tu nan, ne tu goştê mirîşkan û ne jî tu qeysî bûn. Wexta Pinokyo dît nan ji cilsê, mirîşk ji muqaweyê û qeysî jî bi axa boyaxkirî ne, mat ma sekinî.

Pinokyo nizanibû bigirî an bimire? Hingî li ber diket nizanibû yê çi bike.

Li ser sedreyê çiv dan xwe û di xew re çû.

Bîskek bi şûn de gava şiyar bû, dît ku li ser sedreyê ye. Periya Qenciyê li ber serê wî rûniştibû. Wan tiliyên xwe yên ziravik û wekî perîkekî sivik li nav serê Pinokyo birin û anîn û got:

"Pinokyo, ez vê carê te efû dikim. Lê tu careke din nahsiyan bikî, eleqeya xwe pê naynim. Ez ê te efû nekim."

Bera jî Pinokyo li ser soza xwe ma. Bû zarokekî biaqil û guhdêr. Wê salê li dibistanê wekî kesê yekem hat hilbijartin.

Periya Qenciyê, rojekê ji Pinokyo re ev tişt gotin:

"Pinokyo, sibê wê hemû xwestekên te pêk bên."

"Min fêm nekir dayê, te got çi?"

"Êdî tu yê ji kûklebûyînê xelas bibî. Tu yê bibî zarokekî biaqil û jîr."

A din a rojê, Periya Qenciyê ji bo çayvexwarinê gazî hevalên Pinokyo kir û ew dawetî malê kirin. Ev ziyafet ji bo şerefa Pinokyo bû ku ji kûklebûyînê xelas dibû, dibû mirov. Wê qehweya bişîr, nanê sorkirî yê nivîşk li ser, çorek û çîkolate îkramî hevalên Pinokyo bihata kirin. Periya Qenciyê, devê kîsikê xwe yê comerdiyê vekiribû. Her kesî dizanibû, heger qeza û belayek çênebe, wê ziyafet xweş derbas bibe. Lê ka likimîn û terpilîn xwe ji jiyana kûkleyan vedigirin? Her kûkle gava jê weye her tişt temam e, te dît ji nişka ve cardin likimînek... Aha heyata Pinokyo jî werê tim dilikimî.

29
PINOKYO LI WELATÊ PÊLÎSTOKAN E

Pinokyo, ji bo ku hevalên xwe vexwîne ziyafeta ku dê a din a rojê bê lidarxistin, derket derve. Gava diçû, Periya Qenciyê jê re got:

"Hadê, gazî hevalên xwe bike. Lê berî ku tarî bikeve erdê werî malê."

Pinokyo got, "Qet meraq neke dayê, saetek bi şûn de ez li malê me."

"Pinokyo, zarok bi rihetî soz didin, lê pêk naynin."

"Ez ne ji wan zaroka me."

"De baş e, em ê bibînin."

"Dayê gelek tişt hatin serê min. Xwedî azmûn im."

Dêya xwe hemêz kir û bi rê ket.

Di nav saetekê de yeko yeko çû cem hevalên xwe.

Hemûyan soz da û gotin "em ê werin." Tenê hevalek wî mabû, Romeo. Tiral bû, lê jê hez dikir.

Çû, geriya û axirê ew dît. Xwe di bin sivêrneka deriyekî de veşartibû.

Jê pirsî, "Tu li vir çi dikî?"

"Tişkî nakim, xwe vedişêrim."

"Xwe ji kê vedişêrî?"

"Ji dêya xwe..."

"Çima?"

"Ez ê bi rê kevim, lê li bendê me tarî bikeve erdê."

"Ma tu yê biçî ku?"

"Ez ê biçim cihekî dûr... Pir dûr..."

"Îro, ez sê caran li te geriyam, tu li ku bûyî?

"Tu doza çi li min dikî?"

"Ma qey haya te jê tune? Ez ji kûkletiyê xelas bûm, bûm mirov. Dêya min Periya Qenciyê hevalên min gişan vedixwîne malê."

"Wa, Xwedê karê te li hev bîne. Ma tu nabê şans ji min re lêxistiye..."

"Sibê êvarê tu jî were."

"Nikarim bêm. Ez ê îro êvarî bikevim rê."

"Saet di çenda de?"

"Nîvê şevê..."

"Navê wî welatî çi ye?.."

"Welatê Pêlîstokan... tu jî were..."

"Ma ka wer dibe. Sibê ji bo şerefa min ziyafet tê dayîn. Nikarim bêm."

"Tu zanî. Lê tu yê poşman bibî. Li wir dibistan tune ye, ezmûn tune, mamoste tune, pirtûk tune, lênûsk tune, pênûs tune. Ji serê salê heta serê sala din betlane ye. Çikû heger welatên din giş li gor vê pîvanê tevbigeriyaba, wê pêdivî bi Welatên Pêlîstokan çênebûya."

"Waa... Bi qasî ku tu dibêjî Welatê Pêlîstokan cihekî xweş e. Li wir zarok rojên xwe çawa derbas dikin?"

"Tim bi lîstik, pêlîstok, paste, çîkolate... Çi qas xweş e ne werê?"

"Belê, lê neket serê min: Li rûyê erdê welatekî bi vî rengî qet nehatiye avakirin, nayê avakirin jî..."

"Ê tu dizanî. Va min got..."

"Na birako, nikarim bi te re bêm. Min soz daye ez ê bibim zarokekî qenc."

"Te soz daye kê?"

"Dêya xwe... Haho, dereng mam, gere zûzûka biçim malê."

"Tu çima werê ecele dikî? Bise, bise..."

"Ez ê dereng bimînim, dêya min li benda min e. Hadê bi xatirê te Romeo..."

Piştî çend gavan aqilê Pinokyo di tiştekî de ma aliqî:

"Romeo, bine rast bibêje, bera jî li wî welatî betlane salekê dewam dike?"

Romeo hema ji ber xwe de avêt:

"Helbet, tew hin salan, ji salekê zêdetir dewam dike."

Pinokyoyê safik keniya:

"Çi welatekî xweş!" Dû re lê zêde kir: "Ez pir dereng mam. Yan na wê dêya min bi min de bixeyide. Hadê bi xatirê te... Rêya te vekirîbe Romeo..."

"Oxir be Pinokyo..."

Piştî çend gavên din cardin tiştek di aqilê Pinokyo de ma aliqî. Vegeriya, ji Rome pirsî:

"Tu yê kengî têkevî rê?"

"Du saetê din..."

"Nabe, heger saetek din bûna ez ê jî bi te re bihatama."

"Ma ê dêya te Periyê nexeyide?"

"Jixwe ez dereng mame lo. Ha saetekê zû çûme malê ha du saetan dereng. Her du jî eynê tişt in."

Tarî ketibû erdê. Li dûra roniyeke vêdiket û ditefiya, xuya dikir. Meşiyan, hey meşiyan. Axaftin û ewtîna heywanan tevli dengê xişxişokan dibû. Hevalê wî bi kelecan qîriya:

"Aha, va ye tê."

Pinokyo, bi dengekî hew qederê dihat bihîstin pirsî:

"Çi tê?"

"Wesayîtek... Tu tê yan na?"

"Deqakê, tiştên te gotin rast in ne werê? Li wir dibistan tune ye ne werê?"

"Me got tune ye, çima tu yeqîn nakî?"

"Ox çi qas xweş, çi welatekî bêhempa, ez dibêm ew der welatê herî xweş e!"

30
PÊNC MEH LI WELATÊ PÊLÎSTOKAN

Axirê wesayîta ku li bendê bûn hat û li ber wan sekinî. Qet xirecir jê nedihat. Tekerên wê bi potikan hatibûn pêçandin. Duwazdeh cot kerên qam, reng û awayên wan wekî hev li ber wesayîtê hatibûn xistin. Îja ajovanê wê? Zilamekî ji qama xwe bêtir, sereqat fireh bû, zilamekî rûken û tim dikeniya.

Wesayît bi zarokên wekî penêrê kesidandî li ser hev hatibûn lodkirin heta dev tije bû. Werê xuya dikir ku giş ji kêfa ku wê biçin welatekî bêdibistan, bêpirtûk, bêmamoste birçîbûn û bêxewî jibîr kiribûn.

Ajovanê rûken, ji Pinokyo û Romeo re got:

"Heger hûn ê bi me re werin, siwar bibin. Pêşin dibêjim, di wesayîtê de ometek zarok hene, hûn ê şipyakî bin."

Romeo got, "Min qebûl e." Dû re berê xwe da Pinokyo û got:

"Hadê xwe nehejîne, ecele siwar bibe..."

"Îja dêya min ê çi bike ji min?"

"Dev ji kelkelê berde. Naziyan neke..."

Pinokyo got, "Temam. Ji kerema xwe ka ciyê min jî çêbikin..."

Ajovan got, "Li hundir cî nemaye. Xwe bavê ser kera pêşî."

Pinokyo, bi zorekê li ser pişta kerê siwar bû.

Wesayîta ku bûbû cihê kêf û şahiyê û ometek zarok tê de bûn, bi rêkûpêk diçû. Lê gava ji derdorê dengek hat bihîstin, veciniqî. Ev deng, bi wî xerîb nehat.

"Ax nahsê biçûk, çi bê aqilê te tu dikî. Ma tu yê kengî biaqil bibî? Piştî îş çû qediya?"

Hevalên wî qet neaxifîbûn. Ji ber westiyabûn xirîna wan bû radizan. Ajovan jî distriya.

"Di rêwîtiyê de kesî ku raneketibû, nemabû,

Tenê ez raneketime, tenê ez ranekitime..."

Wexta roj wekî bişirîna zarokekî hilat, ew jî gihaştibûn Welatê Pêlîstokan.

Ev der, xewna hemû zarokan, Welatê Pêlîstokan bû. Ji mirovên umrê wan di biniya çardeh salan de pêk dihat. Kuçe ji zarokên nehsî û qelabalixî dikirin xalî nedibû. Hin jê bera hev didan, dîqiriyan, dilîstin; hin jê teqle dihavêtin, li ser destên xwe dimeşiyan. Kesên bafirok û nepox difirandin, kesên li duçerxeyan siwar bûbûn, kesên bi şûrên textikî şer dikirin meydan tije kiribûn. Serê gavê konên şanoyê, dolabên gergerokî, hema çi bê bîra we hebûn. Ji sibehê heya êvarî ji zarokan xalî nedibûn. Li ser dîwaran nivîsên werê hebûn:

"PAYDOZ JI BO DIBOSTANÊ"

"BILA HEMÛ DIBOSTAN BÊN GIRTON"

"BOJÎ LÎSTOK!"

"BIMORE AROTMETÎK"

"WELATEKÎ BÊDIBOSTAN, BÊMAMOSTE."

Pinokyo bi xwe jî bi vê xeşîmiya di nivîsan de dikeniya.

Nivîs, ji şaşiyan xalî nedibûn, bi ser de ne rast bûn jî.

Pinokyo, tam pênc mehên qerase li vî welatî têrka dilê xwe kêf û şahî kir. Bêyî ku kes bela xwe tê de... Lê rojekê serê sibehê wexta şiyar bû, tiştek nexweş hat serê wî. Lewma bi navê kêf mêfê tiştek pê re nema.

Ma çima kêf li Pinokyo neherime? Çima li ber nekeve?

Ma tu nabêjî sibehekê gava şiyar dibe û dixwaze serê xwe bixwirîne, guhên wî bi qasî bihostekê dirêj bûne! Halbûkî guhên Pinokyo biçûçik bûn. Zûzûka çû li neynikê geriya, da ku li guhên xwe mêze bike. Wexta neynik nedît, çû sêniyek tije av kir û tê de li halê xwe nerî.

Wexta çav bi du guhên keran ket, fedî kir. Ji fediya erd qelişî tê re çû. Giriya hey giriya. Serê xwe li bin guhê dîwaran xist. Lê bêfêde bû. Her ku digiriya û dinaliya guhên wî mezintir dibûn.

Simolekeke şirîn û agirxweş ku li qata jor dima, gava dît kûrekûra Pinokyo ye, di cî de çû jê pirsî:

"Cîran, çi bi te hatiye?"

"Simoleka hêja, ez nexweş im. Hem jî pir nexweş im. Tu dizanî nebzê seh bikî?"

"Hinekî jê fêm dikim."

"Hela binere bê ez sincirîme yan na."

Simoleka xwînşîrîn, bi wan nahpikên xwe yên biçûk lê têra xwe biquwet, bi zenda Pinokyo girt û guh lê kir.

Dû re bi xemgînî got:

"Dostê min ê hêja, xebereke min a nebixêr heye."

"Çi bû ye, ecele bêje."

"Tu pir nexweş î."

"Ji vê re dibêjin nexweşîna kertiyê. Xirab, pir xirab e."

"Min fam nekir..."

Halbûkî Pinokyo dizanibû bi vê nexweşiyê ketiye.

"Nexwe ka bibêjim. Çend saet bi şûn de tu yê ji kûkletiyê xelas bibî, bibî dahşik. Te dît ew kerên keleman û bacanan dibin bazarê, aha tu yê bibî çêlika wan."

Pinokyo, dest avêtin guhên xwe yên dirêj ew kişandin û li wan xist.

"Ax, min çi xwelî li ser xwe kir? Ev çi bû hat serê min..."

Simolek, xweşbext bû. Dilê wê, bi wî şewitî. Ji bo li ber dilê Pinokyo bide got:

"Ma ka tu yê çi bikî dosto, tiştê bû bû. Ev çarenûsa te ye, mecbûr tu yê tamûl bikî. Zarokên ji dibistanê birevin, li ser dersên xwe hûr nebin, axirê giş werê dibin dahşik..."

"Xwişka Simole, tu bera dibêjî?"

"Bera dibêjim. Dev ji axîn û nalînê berde. Gere te berê bîr bibira..."

"Ne bela min e. Giş bela hevalê min Romeo bû..."

"Romeo kî ye?"

"Hevalê min ê dibistanê ye. Ez ji xwe re diçûm malê. Lê ez xapandim. Wî ez anîm Welatê Pêlîstokan..."

"Çima tu berbayî gotina wî nahsî ketî?"

"Ax ax, qet nebêj xwişka Simole. Ez kûkleyekî bêaqil im. Heger berbayî wî neketama û nehatama van dera, ez ê bûbûma zarokekî biaqil û jîr..."

Pinokyo, ji bo hesab ji hevalê xwe Romeo bipirse, ji cem Simoleyê çû.

31
PINOKYO LI SÎRKÊ PÊŞANDEYEKÊ LI DAR DIXE

Pinokyo, bi rojan birçî ma. Xwest gihayê hişk bixwe, lê tune bû. Ka ceriband, lê ew jî tiştekî bêxwê û bêtahm bû. Axxx ma yê ji dêvla wê miqarne û birinca xweş, çawa ka bixwara. Xwe bi xwe fikirî, "Çi bikim? Çi bikim?"

Di wê navê de xwediyê axur hat. Tê derxistibû bê ka Pinokyo li çi difikire:

"Ne hewce ye tu bibêjî 'çi bikim?' Dahşikê hêja, min te ji bo ka mayê stendiye. Min tu, ji bo ku tu bixebitî, bi kêrî min bêyî min stend."

Pinokyo, guhên xwe yên dirêj bel kirin û ji xwediyê xwe yê nû pirsî:

"Tu hêviya çi karî ji min dikî?"

"Tişta ji te dixwazim, ne karekî zehmet e. Tu yê xwe di nav xelekekê re çeng bikî. Her wiha tu yê vals û polkayê jî hîn bibî û bireqisî. Tu yê li ser nigê xwe yên dawiyê tîk bisekinî û temaşevanan silav bikî..."

Pinokyo, di nêz de hînî van nimareyan hemûyan bû.

Roja pêşandeyê hatibû. Li ser dîwaran nivîsên derbarê pêşandeyê de hatibûn nivîsandin. Di van afîşan de ev tişt hatibûn nivîsandin:

PÊŞANDEYA MEZIN
ÎŞEV Û HER ŞEV
LI GEL LÎSTIKVANÊN BIJARTE
STÊRKA LI SER STÊRKAN PINOKYOYÊ DAHŞIK
WÊ JI BO WE REQSA KERAN BIKE

Wê şevê sîrk ji temaşevanên zarok xalî nedibû. Heya ber dev tijî bûbû. Gelekî qelebalix bû, te xwelî bavête nediket erdê.

Pinokyo, bi hawayekî serketî nimareyên xwe kirin. Temaşevanên biçûçik ji kêfa nedisekinîn, li çepikan dixistin, difîkandin.

"Em Pinokyo dixwazin, em Pinokyo dixwazin..."

Halbûkî Pinokyo di nimareya xelekê de şaşî kiribû. Wexta xwe çeng kiribû, nigekî wî yê dawiyê di xelekê de asê mabû, ketibû erdê û nigê wî şikiyabû.

Rêvebirê sîrkê jî gotibû, "Ev kerê kulek bi kêrî min nayê, gere wî bibim bazarê bifiroşim." Zilam bi ya xwe kir. Pinokyo bir bazarê û ew firot.

Li bazarê kirîgerekî jê pirsî:
"Tu vî kerê kulek bi çi qasî difiroşî?"
Wexta zilam got bîst lîre, îtiraz kir:

"Oooo, pir e... Tu bi bîst qurişî bidî, ez ê bikirim. Çermê wî hinekî hişk e, ji bo mizikaya gund pêdivî bi defekê heye..."

Wexta Pinokyo pêhesiya ku wê bibe def, tirsiya, pir tirsiya.

Piştî ku zilam bîst quriş da û Pinokyo stend, wî bir qeraxa behrê. Wexta hat dereke biqelaç, rahişt kevirekî mezin û hişka bi stuyê Pinokyo ve girêda. Bi vî awayî dixwest Pinokyo noqî bin avê bike. Werê jî kir.

Wexta wî bi vî halî dahf da nav avê, Pinokyo noqî bin avê bû û hew xuya kir. Zilam, bi sebr û hedan li bendê bû ku Pinokyo bifetise.

32
PINOKYO Û CINAWIRÊN BEHRÊ

Saeta dahşikê bû ku di nav avê de bû. Zilamê ku jê weye wê ji bo defa xwe çermekî têkûz çêbike, di dilê xwe de got "Niha dahşikê kulek cehimiye fetisiye. Ka wî derxim û em çermê wî bigurînin."

Rabû kindira bi nigê dahşikê ve girêdabû kişand. Kindirê kişand... Bi texmîna we, çi bi ser rûyê avê ketibe baş e? Ji dêvla dahşikekî fetisandî, kûkleyekî wekî marmasiyan diperpitî! Zilam mat bûbû. Wexta bi xwe ve hat, ji kûkle pirsî:

"Îja tu kî yî? Ka dahşikê ku min noqî binî avê kir, çi bû jê?"

"Ew dahşik, ez im."

"Te got tu yî? Nabî! Henekê xwe bi min neke!"

"Henek menekê xwe bi te nakim. Bera dibêjim. Ezbenî tu xwediyê min î."

"Îja ez ê çi bikim niha! Ez ê çerm ji ku peyda bikim? Bîst qurişê min berhewa bû."

"Li ber nekeve. Dinya ji kerên ku çermên wan bên gurandin xalî nabe..."

Zilam, bi vê gotinê pir adis bû. Bi ser Pinokyo de çû. Lê Pinokyo, beriya wî hereket kir û xwe çeng kir nav behrê. Zûzûka sobeberî dikir.

Wexta Pinokyo werê sobeberî dikir, di nav avê de leqayî zinarekî qerase hat. Li ser vî mermerê wekî berfê çîlspî bizinek ji xwe re diçêriya.

Hem diçêriya hem jî di ber re wekî ku ji Pinokyo re bibêje "wer vê derê, wer vir" stuyê xwe dihejand. Mûyên bizinê wekî ezmanên şîn bûn.

Ji nişka ve dêya wî Periya Qenciyê hat bîra wî. Ma porê wê jî wekî ezmanan ne şîn bûn? Bi vê re bû kutkuta dilê wî.

Ber bi zinarê spî ve sobeberî kir. Tam rêya xwe bi nîvî kiribû, av li hev ket. Serê cinawerikî behrê, cinawirekî tirsnak xuya bû.

Devê wî wekî dûlêrekê vekirîbû û di nav vî devî de diranine fîq î qerase, diranine saw...

Pinokyo pir tirsiyabû. Ev devê wekî şikeftan ripîreş, bi bayê bezê ber bi wî ve dihat.

Bizina şipşîn a li ser zinêr, qîriya:

"Ecele bik Pinokyo, ê cinawir te daqurtîne!"

Bizina xweşik destê xwe dirêj kir, xwest Pinokyo zevt bike. Mixabin dereng mabû. Cinawir xwe gihandibû Pinokyo. Rebenê Pinokyo, di nav wî devê qerase de winda bû. Pêşî nizanibû çi hatiye serê wî û li ku derê ye. Di nav tarîtiyeke zilûmatî de bû. Car carinan bayekî hênik xwe li nav çavê wî dixist. Tê dernexist bê ka ev ba çi teba ye. Halbûkî ya ku ev ba pif dikir, cegerên cinawir bûn.

Li ser devereke birûn û mezeloqî meşiya. Meşiya, hey meşiya.

Li dûra roniyeke birqonekî xuya kir. Aaa, ma hûn dibêjin li wir leqayî kê hatibe baş e? Li ber maseyeke kevnik mevnikî ku findeke vêketî li ser, extiyarekî qamqutik... Hem jî masîmircankên biçûçik davêt devê xwe.

Wexta Pinokyo, çav bi bavê xwe yê extiyar ket, pir dilxweş bû.

Bi qîrîn got, "Ax bavo! Di nava cinawirekî de be jî, axirê em leqayî hev hatin. Êdî ez ê tu carî dev ji te bernedim, qet dev ji te bernedim."

"Ax, ax ez çi dibînim? Pinokyo, tu yî? Pinokyo, ruhê min tu yî?"

"Erê bavo, ez im! Tu yê min efû bikî, ma ne? Ax, ma tu zanibî bê çi hat serê min... Bise, ez yeko yeko ji te re bibêjim."

"Ka bibêje ruhê min, ez guhdar im, hadê..."

Pinokyo, tiştên ku hatibûn serê wî yeko yeko jê re gotin.

Ma hûn dibêjin bav Geppetto û kurê xwe Pinokyo,

çawa ji nava cinawir xelas bûn? Ev pir nediyar e, biçûkên xweşik û delal. Heya niha gelek tişt hatine gotin û fesilandin. Ji van gotegotan a ku pir bi ber aqilan dikeve, bi vî hawayî qal dike: Bav û kur ji bo ku ji nav hûrê cinawir xelas bibin, planek çêkirin. Agirek pêxistin û nava cinawir di nava dûmanê de hiştin. Wexta cinawir ji ber vê dûmanê êşiya, heta jê hebû ji poz de bêhns stend û fişkiya. Aha wê çaxê tevî hemû tiştên di hûrê wî de Geppetto û Pinokyo jî ji wî devê wî yê qerase pengizîn û bi xelasê ketin.

Zilamê extiyar, ji bo kêlî berî kêliyê bigihêjin kersaxê, heta tê de hebû melevanî dikir. Pînokyoyê li ser milê wî jî direhilî... Gelo ji ber ku diqefilî direhilî yan ji ber ku ditirsiya direhilî? Ev jî ne pir diyar bû.

Axirê Pinokyo vegeriyabû mala xwe.

Êvarî ket nav ciyê xwe û raza. Di xewna xwe de Periya Qenciyê dît. Bi wê bedewiya xwe ya wekî ezmanan şîn bişirî û eniya Pinokyo maçî kir. Dû re bi vî hawayî axifî:

"Aferim Pinokyo. Ji ber ku tu dilpak î, ez nahsiyên te hemûyan dibexşînim. Zarokên ku aliyê dê û bavên xwe yên hejar û nexweş dikin, nehsiyan jî bikin liyaqî pesindayînê û hezkirinê ne. Wekî niha sibê jî qenc be. Lawê min ji bo dilxweşiyê, qencbûyîn şert e..."

Wexta Pinokyo ev xewna xweşik dît, şiyar bû.

Kincên xwe li xwe kirin. Wexta destên xwe xistin bêrîka xwe, ji nişka ve kelecanî bû. Qewlikek ketibû ber desta. Derxist, lê nerî. Li ser qewlikê bi qîlên filan, ev tişt nivîsandîbûn: "Ji Periya Qenciyê ya Porezmanî ji bo Pinokyo, ji bo tim qenc be diyariyek biçûk..."

Pinokyo, qewlik vekir û li hundirê wî nerî. Tê de çil zêr hebûn.

Ji çavên xwe bawer nekirin. Gelo ev tişt bera bûn? Yan na hîn jî di nav xewn û xeyalan de ye? Çavên xwe mist dan.

Bi qîrin got, "Bavo, bavo!"

"Li vê me kurê min. Hela were ez ê çi rê te bidim, lê bine..."

Pinokyo, çû hundirê odeyê. Geppetto, ji kulîlkan, pelan û serê heywanan çarçîfeyeke xweşik çêdikir.

Pinokyo, bavê xwe hemêz kir û ew maçî kir.

"Ev der çi qas xweş bûye! Bavo, şaş mame. Bibêje, ev qas guherîn çawa çêbûn?"

"Lawê min, sedema vê guherînê tu yî. Tu vegeriyayî malê..."

"Min baş fêm nekir, ji kerema xwe re zelal bike..."

"Tu zarokekî nehs bû. Lê tu biaqil bû. Ji bo malek bibe bihuşt, ma guhdêriya te û jîrbûna te ne bes e?"

"Îja Pinokyoyê berê, Pinokyoyê textikî li ku ye?"

Zilamê extiyar got, "Aha!" û kûkleyekî qerase yê ku pişta wî li maseyê nîşan da, "Aha li wir e."

Pinokyo, li kûkleyê milên wî pê şiqitîbûn, çîmên wî xaromaro û serê wî li kêlekê nerî. Dû re xwe bi xwe got:

"Wexta ez kûkle bûme, çi qasî komîk bûme. Lê ji ber ku niha zarokekî biaqil, jîr û jêhatî me pir dilxweş im, pir dilşad im."

DAWÎ

Carlo Collodi

Bernavê nivîskar û rojnamevanê Îtalî Carlo Lorenzini ye. Collodi (1826-1890), li bajarê Floransa yê Îtalyayê hatiye dinê. Bi rojnamevaniyê dest bi wêjeyê kiriye û ji bo gelek rojnameyan nivîsandiye. Wî bixwe jî rojnameyên hicwê weşandine. Wexta di wergerên xwe yên çîrvanokên zarokan de ku ji Fransî wergerandine Îtalî, bi ser ketiye, biryar daye ku ji bo zarokan binivîse. Berhemên wî yên herî navdar *Minuzzolo* (1878) û *Pinokyo* (1881) ne.